National Economics Foundation
北京当代经济学基金会

**当代经济学创新丛书**
［全国优秀博士论文］

# 市场结构、创新与经济增长
## 基于最低工资、专利保护和研发补贴的分析

王熙麟 著

上海三联书店

"当代经济学创新丛书"

由当代经济学基金会(NEF)资助出版

# 总　序

　　经济学说史上,曾获得诺贝尔经济学奖,被后人极为推崇的一些经济学"大家",其聪慧的初露、才华的表现,往往在其年轻时的博士论文中已频频闪现。例如,保罗·萨缪尔逊(Paul Samuelson)的《经济分析基础》,肯尼斯·阿罗(Kenneth Arrow)的《社会选择与个人价值》,冈纳·缪尔达尔(Gunnar Myrdal)的《价格形成和变化因素》,米尔顿·弗里德曼(Milton Friedman)的《独立职业活动的收入》,加里·贝克尔(Gary Becker)的《歧视经济学》以及约翰·纳什(John Nash)的《非合作博弈》,等等。就是这些当初作为青年学子在博士论文中开启的研究领域或方向,提出的思想观点和分析视角,往往成就了其人生一辈子研究经济学的轨迹,奠定了其在经济学说史上在此方面的首创经济学著作的地位,并为日后经济学术思想的进一步挖掘夯实了基础。

　　经济学科是如此,其他社会科学领域,包括自然科学也是如此。年轻时的刻苦学习与钻研,往往成为判断日后能否在学术上取得优异成就,能否对人类知识的创新包括经济科学的繁荣做出成就的极为重要的第一步。世界著名哲学家维特根斯坦博士论文《逻辑哲学导论》答辩中,围绕当时世界著名大哲学家罗素、摩尔、魏斯曼的现场答辩趣闻就是极其生动的一例。

　　世界正处于百年未遇的大变局。2008年霸权国家的金融危机,四十多年的中国增长之谜……传统的经济学遇到了太多太多的挑战。经济学需要反思、需要革命。我预测,在世界经济格局大变化和新科技革命风暴的催生下,今后五十年、一百年正是涌现经济学大师的年代。纵观经济思想史,历史上经济学大师的出现首先是时代的召唤。亚当·斯密、卡尔·马克思、约翰·梅纳德·凯恩斯的出现,正是反映了资本主义早期萌芽、发展中矛盾重重及陷入发展中危机的不同时代。除了时代环境的因素,经济学大师的出现,又有赖于自身学术志向的确立、学术规范的潜移默化、学术创新钻研精神的孜孜不倦,以及周围学术自由和学术争鸣氛围的支撑。

旨在"鼓励理论创新,繁荣经济科学"的当代经济学基金会,就是想为塑造、推动未来经济学大师的涌现起到一点推动作用,为繁荣中国经济科学做点事。围绕推动中国经济学理论创新开展的一系列公益活动中有一项是设立"当代经济学奖"和"全国经济学优秀博士论文奖"。"当代经济学创新丛书"是基于后者获奖的论文,经作者本人同意,由当代经济学基金会资助,陆续出版。

经济学博士论文作为年轻时学历教育、研究的成果,会存在这样和那样的不足或疏忽。但是,论文毕竟是作者历经了多少个日日夜夜,熬过了多少次灯光下的困意,时酸时辣,时苦时甜,努力拼搏的成果。仔细阅读这些论文,你会发现,不管是在经济学研究中对新问题的提出,新视角的寻找,还是在结合中国四十多年改革开放实践,对已有经济学理论模型的实证分析以及对经济模型假设条件调整、补充后的分析中,均闪现出对经济理论和分析技术的完善与创新。我相信,对其中有些年轻作者来说,博士论文恰恰是其成为未来经济学大师的基石,其路径依赖有可能就此开始。对繁荣中国经济理论而言,这些创新思考,对其他经济学研究者的研究有重要的启发。

年轻时代精力旺盛,想象丰富,是出灵感、搞科研的大好时光。出版这套丛书,我们由衷地希望在校的经济学硕博生,互相激励,刻苦钻研;希望志在经济学前沿研究的已毕业经济学硕博生,继续努力,勇攀高峰;希望这套丛书能成为经济科学研究领域里的"铺路石"、参考书;同时希望社会上有更多的有识之士一起来关心和爱护年轻经济学者的成长,在"一个需要理论而且一定能够产生理论的时代,在一个需要思想而且一定能够产生思想的时代",让我们共同努力,为在人类经济思想史上多留下点中国人的声音而奋斗。

夏 斌

当代经济学基金会创始理事长

初写于 2017 年 12 月,修改于 2021 年 4 月

# 目 录

# 图表目录

# 前　言

　　随着中国经济由高速增长阶段转向高质量发展阶段,创新和技术进步已经成为中国经济长期持续增长的核心动力。本书在内生市场结构的第二代熊彼特增长模型中研究了最低工资、专利保护和研发补贴对市场结构、创新和经济增长的作用。本书研究的市场结构是指企业(产品)的数量和每个企业(产品)的市场规模。市场规模决定了企业的研发和创新激励,而企业的研发和创新决定了经济体的增长率。在第二代内生增长模型中有两个维度的创新,一个是产品种类增加的水平型创新,一个是产品质量改进的垂直型创新。其中,产品种类的内生增长消除了人口规模对经济增长的规模效应。最低工资通过改变整个经济体的市场规模,影响了每个企业的市场规模以及企业的研发投入和经济体的增长率。专利保护和研发补贴尽管不会改变经济体的市场规模,但是它们分别通过影响企业的研发收益和研发成本,改变了企业研发新产品和改进产品质量的创新激励,以及企业(产品)的数量和每个企业(产品)的市场规模,并且进一步对经济体的增长率产生影响。

　　本书在内生市场结构的熊彼特增长模型中研究了最低工资对低技能劳动力的工资、就业和经济增长的动态作用,并且得到了如下结论:第一,提高最低工资减少了低技能劳动力的就业,提高了低技能劳动力的失业率;第二,提高最低工资降低了经济体的产出水平;第三,提高最低工资降低了经济体在转移动态路径上的增长率,但是对经济体的长期稳态增长率没有影响。通过定量分析本书发现,最低工资对低技能劳动力的就业和经济增长的负面作用随着生产函数中低技能劳动力密集度的增加而大幅增加。提高最低工资后仍然被雇用的低技能劳动力尽管在一开始获得了更高的工资,但是由于提高最低工资导致经济体短期增长率下降,这可能会导致仍然被雇用的低技能劳动力的未来工资更低。

本书将专利保护纳入内生起飞的熊彼特增长模型,研究了知识产权保护对一个经济体从停滞、起飞到平衡增长路径上的动态作用,并且发现增强专利保护对一个经济体不同发展阶段的经济增长具有不同作用。在模型中经济体在人口规模达到一个内生的阈值后起飞。增强专利保护导致经济体起飞的时间点提前,但是降低了经济体的长期增长率。企业进行创新的激励取决于发明的市场价值,而发明的市场价值既取决于专利保护的程度,又取决于产品的市场规模。增强专利保护通过减少价格竞争增加了企业的利润和专利的市场价值,缩小了企业创新所需的最小市场规模。因此,增强专利保护使经济体出现创新与经济增长的时间点提前,即工业革命发生的时间点提前。但是,增强专利保护通过增加市场中产品的数量缩小了每种产品的市场规模,减少了企业改进产品质量的创新,而产品质量改进的创新决定了经济体的长期增长率。

本书在混合增长模型中研究了研发补贴的作用,在模型中经济体可能出现半内生增长或内生增长。本书研究了对产品种类增加创新的研发补贴和对产品质量改进创新的研发补贴的作用。对产品质量改进创新的研发补贴只在模型中出现内生增长时起作用,此时提高对产品质量改进创新的研发补贴率使产品质量改进创新发生的时间点提前,并且提高了经济体在转移动态路径上的增长率和经济体的长期增长率。对产品种类增加创新的研发补贴在模型中出现内生增长时和半内生增长时的作用不同。在模型中出现半内生增长时,提高对产品种类增加创新的研发补贴率使产品种类增加创新发生的时间点提前,并且提高了经济体在转移动态路径上的增长率,但是对经济体的长期增长率没有影响。在模型中出现内生增长时,提高对产品种类增加创新的研发补贴率使产品种类增加创新发生的时间点提前,并且提高了经济体的短期增长率,但是推迟了产品质量改进创新发生的时间点,并且降低了经济体的长期增长率。提高对产品种类增加创新的研发补贴率使半内生增长更有可能出现,提高对产品质量改进创新的研发补贴率使内生增长更有可能出现。本书通过参数校准发现,在合理的参数值范围内,内生增长更有可能出现。

# 第一章 导论

本章是导论,介绍了本书的研究主题。本章的安排如下:第一节是研究背景与研究意义,第二节是研究内容与研究方法,第三节是论文结构与创新点。

## 第一节 研究背景与意义

改革开放以来,中国经济创造了长达四十年的高速增长奇迹。图1-1给出了1978—2018年中国国内生产总值(GDP)和GDP增长率的时间序列数据。中国的名义GDP从1978年的3 678.7亿元上升到2018年的919 281.1亿元,后者是前者的250倍,名义GDP的年均增长率为14.8%,实际GDP的年均增

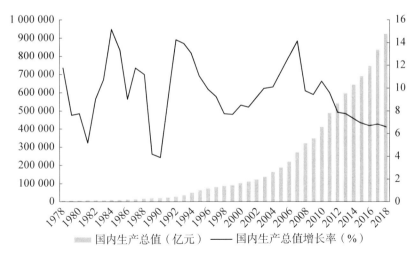

**图1-1 1978—2018年中国国内生产总值**
数据来源:国家统计局网站。

1

长率为 9.5%。其中,1978—2011 年中国实际 GDP 的年均增长率约为 10%,但是从 2012 年开始增速大幅放缓,2012—2018 年中国实际 GDP 的年均增长率约为 7.1%,并且呈现逐年递减的趋势。

图 1-2 给出了 1978—2018 年中国人均国内生产总值和人均 GDP 增长率的时间序列数据。中国的名义人均 GDP 从 1978 年的 385 元上升到 2018 年的 66 006 元,后者是前者的 171 倍,名义人均 GDP 的年均增长率为 13.7%,实际人均 GDP 的年均增长率为 8.5%。其中,1978—2011 年中国实际人均 GDP 的年均增长率约为 8.9%,但是从 2012 年开始增长速度大幅放缓,2012—2018 年中国实际人均 GDP 的年均增长率约为 6.6%,并且呈现逐年递减的趋势。

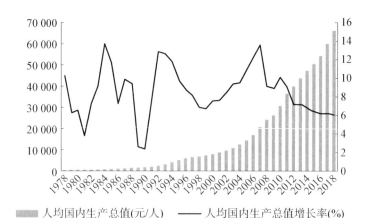

图 1-2　1978—2018 年中国人均国内生产总值
数据来源:国家统计局网站。

改革开放以来,中国经济取得的巨大成功总体上来说是市场化改革的成功,即中国经济制度从计划经济转型为市场经济的成功。一方面,市场化改革激发了各类经济主体的积极性,加快了物质资本和人力资本的积累,鼓励了企业引进和模仿发达经济体的先进技术。但是,随着物质资本和人力资本边际报酬的不断下降,以及企业的技术水平不断地接近世界技术前沿,人均产出的增长率也随之下滑。另一方面,市场化改革从改善资源配置效率方面提高了劳动生产效率,各个生产部门之间的壁垒逐渐被打破,各类生产要素开始自由流动,不断地从低效率的生产部门流向高效率的生产部门,包括农业劳动力向工业部门流动,以及资本和劳动力从低效率的国有企业流向高效率的私营企业。一旦矫正资源错配和价格扭曲的改革红利完全释放出来,全要素生产率(TFP)便无法进一步提高,创新和技术进步正在成为驱动中国经济持续增长的关键。

近年来,中国经济出现了增速大幅下滑,产能严重过剩,市场化改革停滞和资源配置效率恶化等突出问题。一方面,中国经济需要不断地推进市场化改革,激发各类经济主体的积极性,优化产业结构,进一步提高资源配置效率。另一方面,目前中国的人均 GDP 已经达到了中等收入国家水平,正在跨越"中等收入陷阱"并且努力迈向高收入国家的行列,创新和持续的技术进步是决定中国成功实现这一跨越的关键。党的十九大提出,中国经济已经由高速增长阶段转向高质量发展阶段,需要不断增强我国经济的创新力和竞争力,加快建设创新型国家,因为创新和技术进步是经济长期持续增长的核心。

目前,中国在研发方面的投入和产出均已位居世界前列。从研发投入来看,中国研究与试验发展人员全时当量从 1995 年的 75.17 万人年增加到 2018 年的 438.14 万人年(图 1-3),后者是前者的 5.8 倍,年均增长率达到 8.0%,目前居世界第一位;中国研究与试验发展经费支出从 1995 年的 348.69 亿元增加到 2018 年的 19 677.93 亿元(图 1-4),后者是前者的 56.4 倍,年均增长率达到 19.2%,目前居世界第二位。从研发产出来看,中国专利申请受理数从 1995 年的 83 045 项增加到 2018 年的 4 323 112 项(图 1-5),后者是前者的 52.1 倍,年均增长率达到 18.7%,目前居世界第一位;人均专利申请数从 1995 年的每万人 0.69 项增加到 2018 年的每万人 30.98 项(图 1-5),后者是前者的 45.2 倍,年均增长率达到 18.0%。

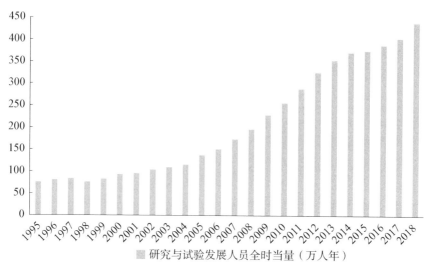

**图1-3 1995—2018年中国研究与试验发展人员全时当量**

数据来源:国家统计局网站。

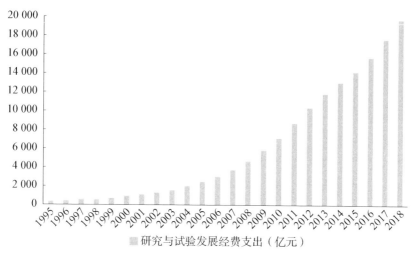

**图1-4 1995—2018年中国研究与试验发展经费支出**

数据来源:国家统计局网站。

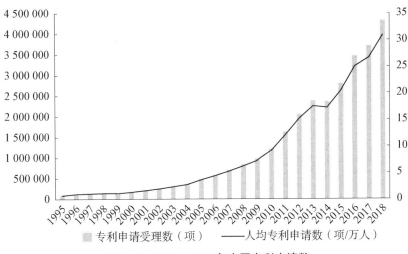

**图 1-5　1995—2018 年中国专利申请数**
数据来源：国家统计局网站。

从全世界范围来看，世界各国的研发支出占国内生产总值的比重有较大的差别。图 1-6 给出了 2017 年 40 个国家和地区的研发支出占国内生产总值的比重，以及欧盟 28 国的平均值和经济合作与发展组织（OECD）成员国的平均值。其中，研发支出占国内生产总值比重最高的国家是以色列，高达 4.82%；研发支出占国内生产总值比重最低的国家是墨西哥，只有 0.33%，前者是后者的 14.6 倍。在所有的 40 个国家和地区中，有 15 个国家和地区的研发支出占国内生产总值的比重超过了 2%，有 8 个国家和地区的研发支出占国内生产总值的比重低于 1%。2017 年中国的研发支出占国内生产总值的比重为 2.15%，在所有 40 个国家和地区中排在第 13 位，略低于 OECD 国家 2.37% 的平均水平，但是高于欧盟 28 国 1.98% 的平均水平。研发支出占国内生产总值比重较大的国家主要由欧洲和北美的发达经济体（比如瑞典、德国、丹麦、奥地利、美国、芬兰、比利时、法国、冰岛、挪威和荷兰等）以及成功的东亚经济体（比如韩国、中国台湾、日本、中国大陆和新加坡等）组成。由图 1-6 可知，中国的研发支出占国内生产总值的比重已经达到了发达国家的水平，甚至高于很多发达国家。

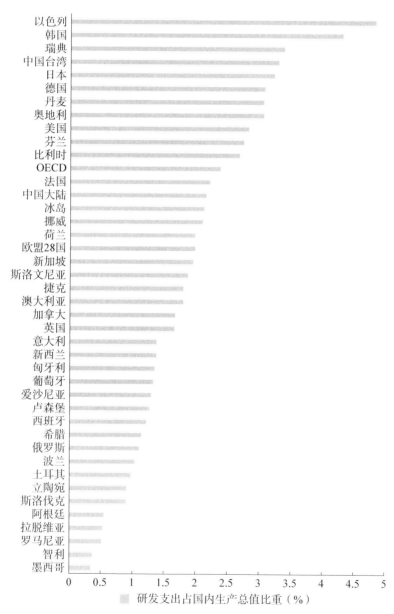

图1-6　2017年部分国家和地区研发支出占国内生产总值比重

数据来源：OECD Open Statistics。

无论是从研发投入和研发产出的总量、研发支出占国内生产总值的比重还是人均研发投入和人均研发产出的水平上来说,中国的研发创新和技术水平在最近的 20 年里都经历了飞速的增长,在一些方面甚至达到了发达国家的水平。这得益于中国庞大的人口规模和高技能劳动力的规模。根据国家统计局网站的数据,2018 年末中国的总人口达到了 139 538 万人,2018 年中国的普通高等学校在校学生数达到了 2 831.035 万人,2018 年中国的研究生招生数达到了 85.780 万人,这些数据均位列世界第一。总人口的规模决定了经济体的市场规模,人口规模越大,企业研发新的产品之后,潜在的购买者就越多,研发的回报率就越高,企业就会投入更多的资源用于研发和创新。高技能劳动力的规模越大,企业可以雇用的研发人员就越多,企业的研发产出就越高。从供给角度来说,中国大量的高技能劳动力向企业提供了大量的研发人员,增加了对研发和创新的供给;从需求角度来说,中国大量的人口为企业研发的新产品提供了大量潜在的消费者,增加了对研发和创新的需求。因此在中国,企业进行研发和创新活动具有巨大的市场潜力。但是上述的这些结论是建立在总量分析的基础之上,并未考虑到市场结构等微观因素对企业的研发和创新活动的影响,而经济体的市场结构通过影响企业之间的竞争对企业的研发和创新活动产生重要影响。

企业的创新和技术进步具有不同的形式,简单来说可以分为两类:一是企业研发新的产品,即产品种类增加(扩张)的创新和技术进步(variety-expanding innovation);二是企业改进现有产品的质量或者降低现有产品的生产成本,即产品质量改进的创新和技术进步(quality-improving innovation)。给定可供企业投入研发创新活动的资源,这两种类型的创新和技术进步之间是相互竞争的,增加对其中一种创新的研发投入,就会减少对另外一种创新的研发投入。但是,从另一个角度来说,这两种类型的创新和技术进步之间是互补的,因为企业研发出新的产品之后,市场中将会有更多的产品需要改进质量。假定每一个企业改进其产品质量的研发投入不变,更多的产品意味着更多的改进产品质量的研发投入。企业发明新产品的研发投入决定了市场中的产品数量和每一种产品的市场规模,即经济体的市场结构,而每一种产品的市场规模反过来又会影响到企业研发新产品和改进产品质量的研发投入。

政府不同的政策工具通过影响经济体的市场结构改变了企业研发新产品和改进产品质量的研发投入,并且进一步影响了经济体的增长率。本书研究了三个重要的政策工具——最低工资、专利保护和研发补贴——是如何通过改变经济体的市场结构影响企业的创新和技术进步以及经济体的增长率的。这三种政策工具通过三个不同的机制影响了经济体的市场结构:最低工资改变了整个经济体的市场规模,专利保护改变了企业的研发收益,研发补贴改变了企业的研发成本。

## 第二节　研究内容与方法

本书在内生增长模型(endogenous growth model)的理论框架下,研究了最低工资、专利保护和研发补贴对市场结构、创新和经济增长的影响。本书研究的市场结构是指企业(产品种类)的数量和每个企业(每种产品)的市场规模。给定整个经济体的市场规模,企业的数量决定了每个企业的市场规模,每个企业的市场规模决定了企业的研发和创新激励,而企业的研发和创新决定了经济体的增长率。

在早期的基于研发和创新的第一代内生增长模型(Romer,1990;Aghion and Howitt,1992;Grossman and Helpman,1991)中,企业的市场规模等于整个经济体的人口(劳动力)规模,因此经济体的长期增长率随着人口(劳动力)规模的增加而增加,这就是文献中通常所说的"规模效应"(scale effect)。但是,琼斯(Jones,1995a,1995b)指出"规模效应"与现实数据存在矛盾:二战后经济合作与发展组织国家的研发人员数量不断上升,但是全要素生产率的增长率却保持在一个稳定的水平上,并没有呈现上升的趋势。

为了消除内生增长模型中的"规模效应",琼斯(Jones,1995b)假设知识回报率递减,西格斯托姆(Segerstrom,1998)假设研发难度递增。在他们的模型中,政府的经济政策可以改变经济体在平衡增长路径(BGP)上的技术水平,但是不能改变经济体的长期增长率,因为经济体的长期增长率由外生的人口增长率决定。也就是说政府政策只具有"水平效应"(level effect),不具有"增长效应"(growth effect),因此这类模型被称为半内生增长模型(semi-endogenous growth model)。

另外一种消除内生增长模型中"规模效应"的方法是在模型中同时引入产品种类扩张的水平型创新和产品质量改进的垂直型创新,此类模型被称为"第二代内生增长模型"或"第二代熊彼特增长模型"(Peretto,1998;Young,1998;Howitt,1999)。在这类模型中,市场结构是内生的,产品种类随着人口规模的增加而增加,每种产品的市场规模独立于整个经济体的人口规模。企业的研发激励取决于每种产品的市场规模,而不是整个经济体的市场规模,因此产品种类的增长消除了"规模效应"。经济体的长期增长率取决于产品种类增加的技术进步和产品质量改进的技术进步。近期的实证研究发现,内生市场结构的第二代熊彼特增长模型可以较好地与数据匹配(Laincz and Peretto,2006;Ha and Howitt,2007;Madsen,2008;Madsen et al.,2010;Ang and Madsen,2011)。

本书在第二代内生增长模型中研究了最低工资、专利保护和研发补贴对市场结构(市场中企业的数量和每个企业的市场规模)和经济增长的影响。最低工资通过改变整个经济体的市场规模,影响了每个企业的市场规模以及企业的研发投入和经济体的增长率。专利保护和研发补贴尽管不会改变经济体的市场规模,但是它们分别通过影响企业的研发收益和研发成本,改变了平衡增长路径上企业(产品)的数量和每个企业(产品)的市场规模,并且进一步对企业的研发投入和经济体的长期增长率产生影响。

第三章在内生市场结构的第二代内生增长模型(Peretto,2007,2011a)中研究了最低工资对经济增长的动态作用。最低工资通过降低企业对低技能劳动力的需求导致了低技能劳动力就业水平的下降,同时缩小了每个企业的市场规模。市场规模的减小降低了企业进行研发创新的激励,并且降低了经济体在转移动态路径上的增长率。同时,市场规模的减小导致一些企业退出市场,仍然留在市场中的企业的市场规模逐渐恢复到其最初的水平。由于企业的平均市场规模(而不是经济体总体的市场规模)决定了企业的垄断利润和企业进行研发创新的激励,因此经济体的增长率也将逐渐恢复到其长期水平。因此在短期,给定企业(产品)的数量,提高最低工资降低了经济体的增长率,但是在长期,企业(产品)数量的下降使每个企业的市场规模恢复至其最初水平,经济体的长期经济增长率保持不变。

由以上分析可知,最低工资影响的是整个经济体的市场规模,对经济体的增长率只具有短期效应,不具有长期效应。而专利保护和研发补贴通过影响资源在产品质量改进的创新和产品种类扩张的创新之间的配置对经济体的长期增长率产生影响。第四章在内生经济起飞(endogenous takeoff)的第二代内生增长模型(Peretto,2015)中研究了专利保护在一个经济体从起飞、转移动态到平衡增长路径上的作用。企业进行研发和创新的激励取决于发明的市场价值,而发明的市场价值既取决于企业的市场规模,又取决于专利保护的程度。增强专利保护通过减少企业之间的价格竞争提高了企业的垄断利润和专利的市场价值,同时缩小了企业研发新产品所需的最小市场规模。因此,增强专利保护使经济体起飞的时间点提前。但是,更强的专利保护通过增加企业的垄断利润(给定企业的市场规模)鼓励更多的企业研发新产品并进入市场,这增加了经济体中产品种类的数量,缩小了每种产品的市场规模,并且减少了决定经济体长期增长率的产品质量改进的研发和创新。因此,增强专利保护降低了经济体的长期增长率。

企业进行研发和创新要求其市场规模高于某一阈值以使研发变得有利可图,研发补贴通过改变这一阈值对产品种类增加的水平型创新和产品质量改进的垂直型创新的内生出现（endogenous activation）产生影响。第五章在内生经济起飞的混合增长模型（hybrid growth model）中研究了研发补贴在一个经济体从起飞、转移动态到平衡增长路径上的作用。在这个模型中，经济体中可能只出现产品种类扩张的创新，此时经济体出现的是半内生增长；经济体中也有可能既出现产品种类扩张的创新，又出现产品质量改进的创新，此时经济体出现的是内生增长。

当经济体出现半内生增长时，提高对产品种类扩张创新的研发补贴率使产品种类扩张创新出现的时间点提前（即经济体起飞的时间点提前），同时提高了经济体处于转移动态路径上的增长率，但是对经济体的长期增长率没有影响，因为此时经济体的长期增长率取决于外生的人口增长率。对产品质量改进创新的研发补贴对经济增长不起作用，因为此时经济体中没有出现产品质量改进的创新。当经济体出现内生增长时，提高对产品种类扩张创新的研发补贴率使经济体出现产品种类扩张创新的时间点提前，并且提高了经济体的短期增长率，但是推迟了产品质量改进创新出现的时间点，同时降低了经济体的长期增长率。这是因为提高对产品种类增加创新的研发补贴率降低了企业研发新产品的成本，缩小了企业研发新产品所需的最小市场规模。同时，提高对产品种类增加创新的研发补贴率使企业将资源从改进产品质量的创新转移到研发新产品的创新上，增加了市场中的企业数量，缩小了每个企业的市场规模，并且降低了企业改进产品质量的研发投入和经济体的长期增长率。当经济体出现内生增长时，提高对产品质量改进创新的研发补贴率使产品质量改进创新出现的时间点提前，同时提高了经济体处于转移动态路径上的增长率和经济体的长期增长率。这是因为，提高对产品质量改进创新的研发补贴率降低了企业改进产品质量的研发成本，缩小了企业进行产品质量改进创新所需的最小市场规模。同时，提高对产品质量改进创新的研发补贴率使企业将资源从研发新产品的创新转移到改进产品质量的创新上，减少了市场中的企业数量，增加了每个企业的市场规模，并且增加了企业改进产品质量的研发投入和经济体的长期增长率。提高对产品质量改进创新的研发补贴率提高了经济体出现内生增长的可能性,提高对产品种类扩张创新的研发补贴率提高了经济体出现半内生增长的可能性。

本书还对上述的理论模型进行了参数校准与模型仿真,定量地研究了最低工资、专利保护和研发补贴对经济体的市场结构和增长率的动态作用。第三章使用美国的数据对模型中的参数进行了校准并对模型进行了仿真,定量地研究了提高最低工资对低技能劳动力的工资、就业和失业率的作用,以及提高最低工资对企业的市场规模、经济体的短期增长率和长期增长率的作用。第四章使用美国的数据对模型中的参数进行了校准并对模型进行了仿真,定量地研究了增强专利保护对经济体起飞的时间点、企业的市场规模以及经济体的长期增长率的影响。第五章使用美国的数据对模型中的参数进行了校准,并且定量地研究了半内生增长和内生增长这两种情况中的哪一种更有可能出现。

本书研究了最低工资、专利保护和研发补贴这三种政策工具是如何通过改变经济体的市场结构对企业的创新与经济增长产生影响的。本书研究的市场结构是指市场中企业的数量和每个企业的市场规模。市场结构对企业的创新和经济增长具有重要影响。最低工资的提高缩小了低技能劳动力的就业和经济体的市场规模,给定企业的数量,企业市场规模的缩小降低了企业改进产品质量的研发投入和经济体的增长率。由于市场结构是内生的,在长期随着一些企业退出市场,每个企业的市场规模恢复到了其最初的水平,经济体的长期增长率不变。给定企业的市场规模,专利保护通过增加企业的利润提高了企业进行研发和创新的激励,使经济体起飞的时间点提前。同时,企业利润的增加鼓励更多企业进入市场缩小了每个企业的市场规模,降低了经济体的长期增长率。研发补贴通过降低企业的研发成本,改变了企业研发新产品和改进产品质量的研发投入,改变了这两种创新出现的时间点和出现的可能性,同时改变了企业的数量和每个企业的市场规模以及经济体的长期增长率。

## 第三节　研究创新与不足

### 一、创新之处

第一,本书使用第二代内生增长模型研究了不同的政策工具对经济增长的动态作用。目前有大量的文献在内生增长模型中研究各种政策工具的作用,但是这些文献中的绝大多数只关注产品种类增加的创新或者产品质量改进的创新这两个维度创新中的一种,包括基于研发创新的第一代内生增长模型和半内生增长模型。只有少数的文献在同时具有产品种类扩张的水平型创新和产品质量改进的垂直型创新的第二代内生增长模型中研究了各种政策工具的作用。本书进一步补充了在第二代内生增长模型中研究不同政策工具对经济增长作用的文献。

第二,本书研究了不同的政策工具是如何通过影响经济体的市场结构对企业的创新和经济体的增长率产生影响的。目前有大量的文献在内生增长模型中研究各种政策工具的作用,但是这些文献中的大多数假设市场结构不受各种政策工具的影响,或者说市场结构是外生给定的。在第二代内生增长模型中,市场结构是内生的,也就是说市场中企业的数量(产品的种类数)和每个企业(每种产品)的市场规模是内生的。市场结构决定了一个经济体中企业研发新产品(产品种类增加的创新)的研发投入和企业改进产品质量的研发投入,并且进一步决定了经济体的增长率。本书研究了最低工资、专利保护和研发补贴这三个政策工具分别通过影响整个经济体的市场规模、企业的研发收益和企业的研发成本改变了经济体的市场结构,并且进一步对经济体的增长率产生影响。

第三,本书研究了不同的政策工具对经济体不同发展阶段的经济增长的影响。目前世界上的发达经济体都经历了从停滞到起飞再到平衡增长路径的不同增长阶段,但是目前绝大多数的内生增长模型仅对平衡增长路径这一阶段的增长进行建模。统一增长理论(unified growth theory)研究了经济体从停滞到

13

起飞的这一重要转型,该理论认为生育和人力资本积累之间的质量—数量权衡使一个经济体可以摆脱马尔萨斯陷阱,并且引发经济体的内生起飞。但是统一增长理论并未考虑与工业革命的发生具有紧密联系的企业创新和内生的技术进步,而本书在内生经济起飞的第二代内生增长模型中研究了专利保护和研发补贴对一个经济体不同发展阶段的经济增长的不同作用,尤其是对一个经济体的内生起飞和长期增长率的影响。

第四,本书研究了不同的政策工具对产品种类扩张的创新和产品质量改进的创新这两个维度创新的内生出现的影响。目前有大量的文献在内生增长模型中研究各种政策工具的作用,但是这些文献都忽略了这些政策工具对这两个维度创新内生出现的影响。本书研究了专利保护和研发补贴对产品种类增加的创新和产品质量改进的创新这两种类型创新出现的时间点的影响,并且研究了研发补贴对产品质量改进的创新出现的可能性的影响。

二、不足之处

第一,本书研究了政策对代表性家庭和代表性企业的影响,尚未考虑政策对异质性家庭和异质性企业的影响。

第二,本书定量地评估了政策对宏观经济变量的影响,尚未考虑政策对微观层面的家庭和企业的异质性作用。

第三,本书以理论分析和定量分析为主,实证分析较少。

# 第二章　文献综述

本书研究了最低工资、专利保护和研发补贴对创新和经济增长的影响。本章总结了经济增长、最低工资及其宏观经济效应、专利保护及其宏观经济效应和研发补贴及其宏观经济效应的主要文献，并且讨论了这些文献与本书研究的关系。第一节总结了经济增长理论的主要文献。第二节总结了最低工资及其宏观经济效应的主要文献。第三节总结了知识产权及其宏观经济效应的主要文献。第四节总结了研发补贴及其宏观经济效应的主要文献。

## 第一节　经济增长

### 一、新古典增长理论

本节对经济增长文献的讨论从"新古典增长理论"（neoclassical growth theory）开始，[①]因为新古典增长模型是研究经济增长的基准模型，并且现代经济增长理论的发展以新古典增长理论为起点。新古典增长模型包括外生储蓄率的索洛-斯旺模型（Solow，1956；Swan，1956）和内生储蓄率的拉姆齐-卡斯-库普曼斯模型（Ramsey，1928；Cass，1965；Koopmans，1965）。

索洛模型包含三个主要的组成部分：（1）具有新古典特征的总量生产函数；（2）资本积累方程；（3）外生的储蓄率。首先讨论具有新古典特征的总量生产函数：

---

① 本节和下一节对经济增长模型的梳理思路主要借鉴 *Advanced Macroeconomics：An Introduction for Undergraduates*（Chu，2020）和《高级宏观经济学入门》（朱智豪和王熙麟，2021）。

$$Y_t = AK_t^\alpha L_t^{1-\alpha} \qquad (2-1)$$

其中,$Y_t$ 是经济体的总产出,$A$ 是技术参数,它决定了资本和劳动力的生产率。$K_t$ 是物质资本存量,它随着时间 $t$ 不断积累。$L_t$ 是 $t$ 时刻的劳动力规模。参数 $\alpha \in (0,1)$ 决定了总量生产函数中资本的密集度,参数 $1-\alpha$ 决定了总量生产函数中劳动力的密集度。$\alpha$ 越大,资本在生产函数中的重要性就越高,劳动力在生产函数中的重要性就越低。

式(2-1)中的总量生产函数通常被称为柯布-道格拉斯生产函数,柯布-道格拉斯生产函数具有以下三个重要性质。第一,生产函数是规模报酬不变的,即 $F(tK_t, tL_t) = tF(K_t, L_t)$。第二,生产函数中所有的生产要素的边际报酬递减。其中,资本的边际产出始终为正,但是资本的边际报酬递减,即 $F_K(K_t, L_t) > 0$ 和 $F_{KK}(K_t, L_t) < 0$;劳动力的边际产出始终为正,但是劳动力的边际报酬递减,即 $F_L(K_t, L_t) > 0$ 和 $F_{LL}(K_t, L_t) < 0$。生产要素边际报酬递减的原因是柯布-道格拉斯生产函数中的参数 $\alpha < 1$,这使得经济体的长期增长率为 0。

索洛模型的第二个组成部分是资本积累方程:

$$\dot{K}_t = I_t - \delta K_t \qquad (2-2)$$

其中,参数 $\delta > 0$ 是资本的折旧率,$\dot{K}_t \equiv \partial K_t / \partial t$ 代表了资本存量随时间的变化,$I_t$ 是对物质资本的投资。

索洛模型的第三个组成部分是外生的储蓄率:

$$s \equiv \frac{I_t}{Y_t} = 1 - \frac{C_t}{Y_t} \qquad (2-3)$$

其中,$C_t$ 是经济体的消费,$s$ 是外生的储蓄率。在封闭经济且没有政府的索洛模型中,$Y_t = C_t + I_t$,总产出 $Y_t$ 只有两种用途:被用来消费 $C_t$ 或者是被用作物质资本的投资 $I_t$。索洛模型中的储蓄率是外生的,因此,总产出 $Y_t$ 中始终有 $sY_t$ 的部分被用来作为物质资本的投资 $I_t$。

当经济体中的人均资本存量低于其稳态值时，人均产出随着人均资本存量的积累而增长，这使得经济体的短期增长率大于 0。由于资本的边际报酬递减，随着人均资本存量的不断增加，资本的边际报酬越来越低，并且由于资本折旧的存在，人均资本存量将会收敛到一个有限的稳态值，人均产出的增长率也会随之趋近于 0。因此，在索洛模型中，由于资本边际报酬递减的存在，经济体的人均产出只具有短期的增长而不具有长期的增长。

为了使人均产出的长期增长率大于 0，可以假设一个外生的技术进步率，即 $g_A \equiv \dot{A}_t/A_t > 0$。外生技术进步率的假设使经济体在长期收敛到其平衡增长路径上。在平衡增长路径上，人均产出的增长率和人均资本存量的增长率均为正的常数。

如果改变索洛模型中外生储蓄率的假设，在模型中引入最大化效用的家庭使经济体的储蓄率内生化，可以将外生储蓄率的索洛模型扩展为内生储蓄率的拉姆齐模型。在拉姆齐模型中，代表性家庭最大化其终生效用函数：

$$U = \int_0^\infty e^{-\rho t} u_t dt \qquad (2-4)$$

其中，$\rho$ 是代表性家庭的主观贴现率，$u_t$ 是瞬时效用函数。拉姆齐模型与索洛模型有相同的总量生产函数(2-1)和资本积累方程(2-2)。但是，拉姆齐模型中的储蓄率是由代表性家庭在其预算约束条件下最大化其终生效用函数(2-4)所内生决定的。

在上述中央计划经济的拉姆齐模型中，社会计划者同时负责消费、投资和产品的生产。如果在该模型中进一步引入利润最大化的企业，可以将其扩展为分散经济的拉姆齐模型。在分散经济的拉姆齐模型中，代表性家庭提供劳动力和资本给代表性企业并且获得工资和利息，代表性企业使用劳动力和资本这两种生产要素生产产品并且销售给代表性家庭。分散经济的拉姆齐模型具有一般均衡的特征。中央计划经济的拉姆齐模型和分散经济的拉姆齐模型具有相同的解，也就是说，分散经济的拉姆齐模型中的市场资源配置与中央计划经济的拉姆齐模型中的最优资源配置完全相同。这是因为,在分散经济的拉姆齐模型中,产品市场和要素市场都是完全竞争的,不存在垄断,经济体中不存在信息不对称和外部性。因此,根据福利经济学第一基本定理,在分散经济的拉姆齐模型中资源配置是帕累托最优的。

新古典增长模型产生的一个重要结论是不同经济体的人均收入将会收敛。实证上有许多文献检验了现实世界中是否存在不同经济体之间人均收入的收敛。巴罗等(Barro et al.,1991)和巴罗和萨拉-伊-马丁(Barro and Sala-i-Martin,1992)研究了美国的48个州从1840年到1963年人均收入的增长率与各州初始人均收入的关系。他们发现,初始人均收入水平较低的州的人均收入的增长率较高,而初始人均收入水平较高的州的人均收入的增长率较低。这证实了在美国内部,各州之间存在人均收入的收敛。同时,巴罗等(Barro et al.,1991)和巴罗和萨拉-伊-马丁(Barro and Sala-i-Martin,1992)也研究了在各国之间是否存在人均收入的收敛。他们发现,只有当控制了入学率和政府消费占GDP的比重等因素之后,各国之间才存在人均收入的收敛。因此,世界各国之间人均收入存在着一定程度上的条件收敛。由于世界各国具有不同的制度、不同的文化和不同的地理条件等,各国的稳态人均资本存量水平和稳态人均收入水平因此各不相同。

新古典增长模型的结构十分简单,但是可以解释许多关于经济增长的重要现象。第一,人均产出的增长率在长期基本保持不变。第二,人均资本存量的增长率在长期基本保持不变。第三,资本的回报率,即利率,在长期基本保持不变。第四,资本—产出比在长期基本保持不变。第五,国民收入中劳动力和资本的收入份额在长期基本保持不变。新古典增长模型可以解释上述五个典型事实,但是却无法解释第六个典型事实:在全世界快速增长的经济体中,人均产出的增长率有很大差别,从2%到5%不等。以上六个典型事实首先是由卡尔多(Kaldor,1961)总结出来的。

新古典增长模型无法解释上述第六个典型事实的原因是模型假设了外生

的技术进步率。因此,世界各国人均产出增长率的差异只能由不同的外生技术进步率所表示。新古典增长模型表明,在短期内,资本积累可以带来经济增长;但是在长期,随着资本的边际报酬不断下降,在没有技术进步的情况下,经济增长将会停滞。因此,长期的经济增长取决于持续的技术进步。但是新古典增长模型没有解释持续的技术进步从哪里来,并且是如何决定的。

## 二、内生增长理论

为了使增长模型产生内生持续的技术进步,许多文献作出了相关的尝试。阿罗(Arrow,1962)提出了"干中学"(learning-by-doing)模型,企业通过在生产过程中不断积累经验提高其劳动生产率。在该模型中,劳动生产率的提高以及技术的进步是企业生产和投资过程的副产品。罗默(Romer,1986)通过引入溢出效应避免了生产函数中资本的边际报酬递减,使生产函数具有收益递增的性质,从而使模型产生了内生的持续经济增长。在该模型中,他假设技术水平是资本存量的线性函数:

$$A_t = \gamma K_t \qquad (2-5)$$

该模型与新古典增长模型一样,都假设产品市场和要素市场是完全竞争的。但是在该模型中,技术进步或者说新知识的发明仅仅是资本积累的副产品。因此,该模型将技术进步的过程解释为企业通过"干中学"不断积累技术的过程,这与阿罗(Arrow,1962)和斯托基(Stokey,1988)的基本思想是一致的。此外,宇泽弘文(Uzawa,1965)和卢卡斯(Lucas,1988)认为,通过引入人力资本积累过程中由人力资本的外部性所产生的溢出效应,在模型中产生了内生的持续经济增长。

雷贝洛(Rebelo,1991)通过消除新古典生产函数(2-1)中资本的边际报酬递减,使模型产生了内生持续的经济增长。生产函数中只有资本这一种生产要素,没有劳动力,并且产出是资本的线性函数:

$$Y_t = AK_t \qquad (2-6)$$

由于生产函数的这一形式,该模型也被称为 AK 模型。AK 模型可以研究政府政策对经济增长的影响,这在新古典增长模型中是无法实现的。因为在新古典增长模型中,经济体的长期增长率是 0 或者是外生的。

20 世纪 80 年代中期以来,以罗默(Romer,1986)和卢卡斯(Lucas,1988)对经济增长的研究为开端,经济学界重新兴起了对经济增长理论的研究,文献上通常将这些模型称为"新增长理论"或"内生增长理论"。上述的内生增长模型尽管将技术进步内生化,但是由于受到新古典理论框架的局限,模型中的技术进步并非来自企业为追求垄断利润而进行的研发(R&D)和创新活动,技术进步仅仅是生产和投资过程中的溢出效应所带来的结果。但是从 18 世纪后期工业革命(Industrial Revolution)以来,在人类经历的这 200 多年经济增长的过程中,研发和创新已经成为经济增长和技术进步的最重要的动力。因此,上述的内生增长模型并没有回答持续的创新和技术进步以及长期的经济增长是如何产生的这一人类发展的重大问题。

从 20 世纪 90 年代初期开始,基于研发和创新的内生增长模型的发展极大地推进了宏观经济学对经济增长、创新和技术进步的研究。罗默(Romer,1990)首先提出了基于研发和创新的内生增长模型。从模型结构上来说,罗默模型在分散经济的拉姆齐模型的基础上,引入了垄断竞争的中间产品部门和研发部门。在罗默模型中,代表性家庭在其预算约束下最大化其终生效用函数,代表性企业使用资本和劳动力生产最终产品,并且根据资本和劳动力的市场价格最大化其利润,要素市场和最终产品市场是完全竞争的,这两部分与拉姆齐模型相同。但是在罗默模型中,最终产品的生产函数不同于拉姆齐模型中的生产函数:

$$Y_t = L_{Y,t}^{1-\alpha} \int_0^{N_t} X_t^\alpha(i)di \qquad (2-7)$$

其中 $L_{Y,t}$ 是用于生产最终产品的劳动力数量,$X_t(i)$ 是生产最终产品所使用的

行业 $i$ 中的中间产品的数量，$N_t$ 是市场中已有的中间产品的种类数。给定工资 $w_t$ 和每一种中间产品的价格 $p_t(i)$，最终产品生产企业选择 $L_{Y,t}$ 和 $X_t(i)$ 最大化其利润。行业 $i$ 中的中间产品生产企业投入一单位的资本 $K_t(i)$ 生产一单位的中间产品 $X_t(i)$，即中间产品的生产函数为 $X_t(i)=K_t(i)$。给定资本的租金率 $R_t$，中间产品生产企业根据最终产品生产企业对其中间产品的需求函数选择利润最大化的垄断价格 $p_t(i)$ 和产量 $X_t(i)$。罗默模型的研发函数为：

$$\dot{N}_t = \theta N_t L_{R,t} \qquad\qquad (2-8)$$

其中，$L_{R,t}$ 是用于研发的劳动力数量，$\theta > 0$ 代表研发效率。新产品的数量 $\dot{N}_t$ 是现有的知识存量 $N_t$ 和用于研发的劳动力数量 $L_{R,t}$ 的函数。研发函数 $(2-8)$ 表明，研发的生产率 $\theta N_t$ 随着经济体中知识存量的上升而上升。因此，中间产品种类的增长率为 $g_N \equiv \dot{N}_t/N_t = \theta L_{R,t}$，用于研发的劳动力数量 $L_{R,t}$ 越大，经济体的增长率就越高。

在罗默模型中，每一个劳动者既可以选择进入最终产品生产企业生产最终产品并且获得工资 $w_t$，同时他也可以选择进入研发部门研发新产品并且获得由新产品的发明所带来的收益。每一种新产品的市场价值为 $V_t$，它是中间产品生产企业的全部垄断利润流的贴现值。研发部门的自由进入条件为：

$$w_t = \theta N_t V_t \qquad\qquad (2-9)$$

该条件决定了劳动力在生产产品和生产知识之间的分配。也就是说研发部门的自由进入条件意味着，每一个劳动者进入最终产品生产企业生产最终产品所获得的工资 $w_t$ 等于他进入研发部门研发出 $\theta N_t$ 单位的新产品并且获得由此所带来的收益 $\theta N_t V_t$。罗默模型的总量生产函数为 $Y_t = N_t^{1-\alpha} K_t^{\alpha} L_{Y,t}^{1-\alpha}$。由上述的最终产品部门和中间产品部门的利润最大化以及研发部门的自由进入条件可得用于研发的劳动力的数量 $L_{R,t}$ 为：

$$L_R = \frac{\alpha}{1+\alpha}\left(L - \frac{\rho}{\alpha\theta}\right) \tag{2-10}$$

由式(2-10)可知,用于研发的劳动力的数量 $L_{R,t}$ 随着劳动力总量 $L$ 的增加而增加,同时技术进步的速度 $\dot{N}_t/N_t$ 和产出的增长率 $\dot{Y}_t/Y_t$ 也随着劳动力总量 $L$ 的增加而增加,这是文献中通常所说的"规模效应"。

罗默模型的研发函数(2-8)产生了文献上所说的规模效应,即经济体的稳态增长率随着人口规模的上升而上升。罗默模型中产生规模效应的原因是,从供给方面来说,人口规模的上升增加了可供进行研发创新的人口数量;[①]从需求方面来说,人口规模的上升增加研发创新的回报率,这一效应被称为"市场规模效应"(market size effect)。琼斯(Jones,1995a,1995b)使用美国和其他 OECD 国家的数据发现,二战后美国和其他 OECD 国家参与研发的科学家和工程师的数量不断上升,但是 TFP 的增长率却保持在一个稳定的水平上,并没有任何上升的趋势。因此,罗默模型所隐含的规模效应与现实数据矛盾。

为了使经济体的长期增长率和经济体的人口规模无关,琼斯(Jones,1995b)将罗默模型中的研发函数(2-8)改为:

$$\dot{N}_t = \theta N_t^\phi L_{R,t} \tag{2-11}$$

其中 $\phi < 1$,在罗默模型中 $\phi = 1$。由研发函数(2-11)可知,中间产品种类的增长率为 $g_N = \theta L_{R,t}/N_t^{1-\phi}$。在平衡增长路径上 $g_N$ 为常数,由此可得中间产品种类的增长率为:

$$g_N = \frac{n}{1-\phi} \tag{2-12}$$

---

① 这里与罗默(Romer,1990)的模型设定略有不同。在罗默的论文中假设有高技能劳动力和低技能劳动力,其中低技能劳动力只能用于生产最终产品,而高技能劳动力既可以用于生产最终产品,也可以用于研发新产品。因此,在罗默模型中涉及的问题是高技能劳动力在生产最终产品和研发新产品这两种用途之间的分配。但是,这两种不同的模型设定不影响模型存在规模效应。

其中，$n$ 为经济体的人口增长率。由式（2-12）可知，在琼斯模型中经济体的长期增长率取决于外生的人口增长率并且与人口规模无关，该模型也因此被称为半内生增长模型。

在琼斯模型中，增加用于研发的劳动力的数量 $L_{R,t}$ 可以在短期内提高经济体的增长率，但是无法影响经济体的长期增长率，因为经济体的长期增长率是由外生的人口增长率所决定的。因此政府政策可以通过提高经济体的短期增长率来提高经济体的技术水平，但是政府政策无法改变经济体的长期增长率。但是在罗默模型中，由于存在规模效应，政府政策可以通过改变劳动力在研发和生产之间的分配来改变经济体的长期增长率。

在罗默模型和琼斯模型中，由于存在垄断和外部性，分散均衡条件下用于研发创新的劳动力数量低于社会最优水平。也就是说，分散经济条件下的资源配置不是社会最优的，存在研发投入不足的问题。因此，政府可以通过使用各种政策工具增加用于研发创新的劳动力数量，进而提高经济体的增长率和社会福利。接下来分析罗默（琼斯）模型中导致研发投入不足的原因。

首先，罗默（琼斯）模型中存在剩余占有权问题（surplus appropriability problem）。为了激励企业进行研发创新，必须赋予创新者一定的垄断势力以使其获取正的垄断利润，因此模型中的中间产品市场存在垄断。但是，由垄断所产生的扭曲效应导致了社会福利的无谓损失，因此企业从创新中所获得的私人收益小于创新的社会收益。因为企业家在决定是否研发新产品以及投入多少资源研发新产品时只考虑到研发的私人回报（即垄断利润流的贴现值），并未将研发的社会收益内部化，这导致企业用于研发创新的投入低于社会最优的研发投入。因此，政府的研发补贴可以提高企业的研发投入，减小社会最优的研发投入和分散经济的研发投入这两者之间的差距。

其次，罗默（琼斯）模型中存在知识溢出。由罗默模型的研发函数（2-8）和琼斯模型的研发函数（2-11）可知，企业的研发生产率 $\theta N_t^\phi$ 随着知识存量 $N_t$ 的上升而上升。因此，企业的研发投入增加了知识存量并且提高了未来的研发生产率,但是企业家不会将这种跨期知识溢出(intertemporal knowledge spillovers)内部化,因为它并不会增加企业自身的利润。跨期知识溢出效应的大小取决于参数 $\phi$,$\phi$ 越大,跨期知识溢出效应就越大,由此所导致的研发投入不足的问题就越严重。因此,政府的研发补贴可以通过提高企业的研发投入缓解由跨期知识溢出所导致的研发投入不足的问题。

罗默模型和琼斯模型将创新过程抽象为新产品的发明。当一种产品被发明出来之后,它便成为最终产品生产过程中永久性的一部分,而研发这种中间产品的企业将会一直留在市场中生产这种中间产品。因此,产品种类增加型创新的内生增长模型无法研究企业之间的竞争,企业的进入和退出等重要问题。熊彼特增长模型将产业组织引入内生增长模型中,极大地扩展了经济增长理论的研究范围和研究对象。通过将熊彼特(Joseph Schumpeter)提出的创造性破坏(creative destruction)的概念引入内生增长模型,阿吉翁和豪伊特(Aghion and Howitt,1992)与格罗斯曼和赫尔普曼(Grossman and Helpman,1991)在质量阶梯模型(quality-ladder model)中研究了企业的进入和退出以及企业之间的竞争对创新和经济增长的影响。接下来详细介绍产品质量改进型创新的阿吉翁-豪伊特模型。

在罗默模型中,中间产品的种类不断增长,但是中间产品的质量完全相同并且固定不变,经济增长和技术进步体现为产品种类的增加。与罗默模型不同,在阿吉翁-豪伊特模型中,最终产品生产过程中使用的中间产品的种类数是固定不变的,但是每种中间产品的质量不断改进,经济增长和技术进步体现为产品质量的改进。最终产品 $Y_t$ 的生产函数是一单位连续统的差异化中间产品的柯布-道格拉斯加总:

$$Y_t = \exp\left(\int_0^1 \ln X_t(i) di\right) \qquad (2-13)$$

其中 $X_t(i)$ 是行业 $i \in [0,1]$ 中的中间产品的数量。给定每一种中间产品的价格 $p_t(i)$,最终产品生产企业最大化其利润。

每一个行业 $i \in [0, 1]$ 中的中间产品由一个拥有该产品最高质量版本的垄断企业进行生产，该垄断企业进行了行业 $i$ 中最近一次的创新，研发出了目前行业 $i$ 中最高质量的产品，并且同时拥有该质量版本的产品的专利。该行业领导者的生产函数为 $X_t(i) = z^{q_t(i)} L_{x,t}(i)$，其中 $z > 1$ 是外生的质量改进步长（quality step size），$q_t(i)$ 是到 $t$ 时刻行业 $i$ 中已经发生的产品质量改进的次数。因此，$z^{q_t(i)}$ 是行业 $i$ 中产品的最高质量。$L_{x,t}(i)$ 是用于生产行业 $i$ 中的产品的劳动力数量。给定工资 $w_t$，每一个行业中的垄断企业最大化其利润。

由以上最终产品生产企业和中间产品垄断企业利润最大化问题的解可知，所有行业中的垄断企业的利润相同，即 $\pi_{x,t}(i) = \pi_{x,t}$。因此，所有行业中的中间产品的市场价值相同，即 $V_t(i) = V_t$。中间产品市场的无套利条件为 $r_t V_t = \pi_{x,t} + \dot{V}_t - \lambda_t V_t$。等式左侧的 $r_t V_t$ 是持有最高质量中间产品专利的资产收益率，等式右侧是最高质量中间产品的利润、资本利得和由于创造性破坏所导致的资本损失期望之和。$\lambda_t$ 是产品质量改进创新的泊松到达率（Poisson arrival rate）。研发函数为：

$$\lambda_t(i) = \theta L_{R,t}(i) \qquad (2-14)$$

其中 $\theta$ 代表研发效率，$L_{R,t}(i)$ 是行业 $i$ 中用于研发的劳动力数量。与罗默模型相同，假设研发部门是自由进入的，因此：

$$w_t = \theta V_t \qquad (2-15)$$

该条件与罗默模型中的式（2-9）相似。式（2-15）决定了劳动力在生产产品和生产知识之间的分配。研发部门的自由进入条件意味着，每一个劳动者进入中间产品生产企业生产中间产品所获得的工资 $w_t$ 等于他进入研发部门研发出目前最高质量的中间产品所获得的期望收益 $\theta V_t$。总量生产函数为 $Y_t = A_t L_{x,t}$，其中 $A_t$ 是经济体的总技术水平，或者说是所有中间产品的平均技术水平。由大数定律可得技术水平 $A_t$ 的增长率为：

$$\frac{\dot{A}_t}{A_t} = \lambda_t \ln z = (\theta \ln z) L_R \tag{2-16}$$

由上述最终产品企业和中间产品企业的利润最大化问题的解以及研发部门的自由进入条件可得用于研发的劳动力的数量 $L_R$ 为：

$$L_R = \left(\frac{\mu - 1}{\mu}\right) L - \frac{\rho}{\mu\theta} \tag{2-17}$$

其中，$\mu \leqslant z$ 是中间产品的垄断价格加成（markup）。通常来说，由于存在模仿和专利保护强度不足的问题，中间产品垄断企业难以将垄断价格加成达到其最大水平 $z$。由式（2-17）可知，阿吉翁-豪伊特模型中仍然存在规模效应。因为用于研发的劳动力数量 $L_R$ 随着劳动力总量 $L$ 的增加而增加，由式（2-16）可知技术进步的速度也随着劳动力总量 $L$ 的增加而增加。阿吉翁-豪伊特模型产生规模效应的原因与罗默模型相同：从供给方面来说，人口规模的上升增加了可供进行研发创新的人口数量；从需求方面来说，人口规模的上升增加研发创新的回报率，即市场规模效应。

但是在阿吉翁-豪伊特模型中，既存在研发投入不足的问题，也存在研发投入过度的问题。因为在阿吉翁-豪伊特模型中，除了存在罗默模型中导致研发投入不足的剩余占有权问题和具有正外部性的跨期知识溢出效应，还存在具有负外部性的"商业窃取效应"（business-stealing effect）。商业窃取效应产生的原因是：由于阿罗替代效应，新研发出来的更高质量的中间产品一定会由另外一家企业生产，原来的垄断企业将会退出市场，而新的垄断企业占有了原来的垄断企业的利润，即由创造性破坏引起了利润的转移。因此，企业研发更高质量中间产品的社会收益的大小取决于产品质量改进的大小，但是企业研发更高质量中间产品的私人收益的大小取决于企业获得的垄断利润，但是新进入的企业不会将原来的垄断企业的利润损失内生化。

阿吉翁-豪伊特模型的最优研发劳动力投入为 $L_R^* = L - \rho/(\theta \ln z)$，因此既有可能出现研发投入不足 $L_R^* > L_R$，也有可能出现研发投入过度 $L_R^* < L_R$。当产品质量改进步长 $z$ 足够大时，剩余占有权问题和跨期知识溢出效应所产生的正外部性超过了商业窃取效应所产生的负外部性，模型中将会出现研发投入不足的问题，因为产品质量改进步长 $z$ 决定了研发的社会收益。当垄断价格加成 $\mu$ 足够大时，商业窃取效应所产生的负外部性超过了剩余占有权问题和跨期知识溢出效应所产生的正外部性，模型中将会出现研发投入过度的问题，因为垄断价格加成 $\mu$ 决定了研发的私人收益。

西格斯托姆（Segerstrom，1998）通过假设研发难度递增消除了阿吉翁-豪伊特模型中存在的规模效应，他假设企业的研发函数为：

$$\lambda_t(i) = \theta \frac{L_{R,t}(i)}{A_t(i)} \qquad (2-18)$$

其中 $A_t(i)$ 为行业 $i$ 中最高质量产品的质量。在平衡增长路径上，$\lambda_t$ 为常数。由式（2-18）和大数定律可知，技术进步率为 $\dot{A}_t/A_t = \dot{L}_{R,t}/L_{R,t} = \dot{L}_t/L_t = n$。西格斯托姆模型也是半内生增长的，经济体的长期增长率只取决于外生的人口增长率。

由于存在规模效应，在罗默模型和阿吉翁-豪伊特模型中，政府政策（比如研发补贴）通过增加企业的研发投入 $L_R$，可以提高经济体的长期增长率。但是在琼斯模型和西格斯托姆模型中，政府政策通过增加企业的研发投入 $L_R$，可以在短期内提高经济体的增长率并且提高经济体的技术水平，但是对经济体的长期增长率没有影响，因为在半内生增长模型中经济体的长期增长率由外生的人口增长率决定。因此，在内生增长模型中，增加企业研发投入 $L_R$ 的政府政策对经济增长不仅具有水平效应，也具有增长效应。而在半内生增长模型中，增加企业研发投入 $L_R$ 的政府政策对经济增长只具有水平效应，但是不具有增长效应。

　　图2-1和图2-2总结了在内生增长模型和半内生增长模型中,提高企业研发投入$L_R$的政府政策对技术进步率$g_A$的影响。图2-3和图2-4总结了在内生增长模型和半内生增长模型中,提高企业研发投入$L_R$的政府政策对技术水平$A_t$的影响。图2-1给出了在罗默模型和阿吉翁-豪伊特模型中增加企业的研发投入$L_R$对技术进步率$g_{A,t} = \theta L_{R,t}$的影响,在这里假设罗默模型和阿吉

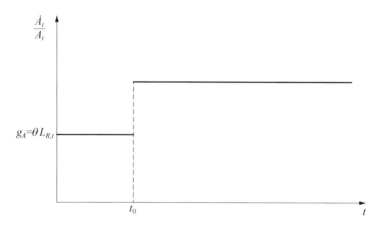

**图2-1　提高研发投入$L_R$对技术进步率$g_A$的影响(内生增长模型)**

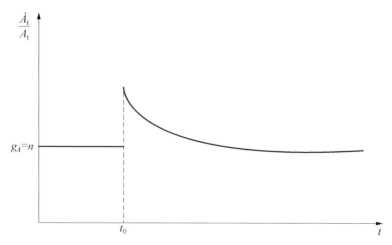

**图2-2　提高研发投入$L_R$对技术进步率$g_A$的影响(半内生增长模型)**

翁-豪伊特模型中的研发函数为 $\dot{A}_t = \theta A_t L_{R,t}$，即 $\phi = 1$。在内生增长模型中，在 $t_0$ 时刻增加企业的研发投入 $L_R$ 将会使技术进步率 $g_A$ 立刻跳跃到一个更高的水平上，并且 $g_A$ 将一直保持在这一更高的水平上。图 2-2 给出了在琼斯模型和西格斯托姆模型中增加企业的研发投入 $L_R$ 对技术进步率 $g_{A,t} = \theta L_{R,t}/A_t$ 的影响，在这里假设琼斯模型和西格斯托姆模型中的研发函数为 $\dot{A}_t = \theta L_{R,t}$，即 $\phi = 0$。在半内生增长模型中，在 $t_0$ 时刻增加企业的研发投入 $L_R$ 将会使技术进步率 $g_A$ 立刻跳跃到一个更高的水平上，但是随着时间的推移，$g_A$ 逐渐下降并且最终收敛到原来的水平上。

图 2-3 给出了在罗默模型和阿吉翁-豪伊特模型中增加企业的研发投入 $L_R$ 对技术水平 $\ln A_t$ 的影响。在内生增长模型中研发投入 $L_R$ 的增加永久性地提高了技术水平 $\ln A_t$ 的斜率。图 2-4 给出了在琼斯模型和西格斯托姆模型中增加企业的研发投入 $L_R$ 对技术水平 $\ln A_t$ 的影响。在半内生增长模型中研发投入 $L_R$ 的增加使技术水平 $\ln A_t$ 上升到一个更高的路径上，$\ln A_t$ 的斜率在短期内增加，但是最终回到了原来的水平上。在图 2-3 和图 2-4 中，$\ln A_t$ 的斜率等于技术进步率 $g_{A,t}$。

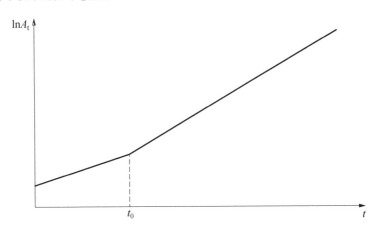

**图 2-3　提高研发投入 $L_R$ 对技术水平 $A_t$ 的影响（内生增长模型）**

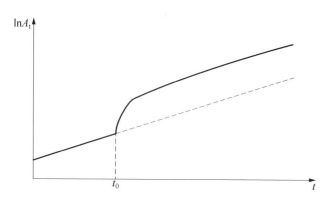

**图 2 - 4　提高研发投入$L_R$对技术水平$A_t$的影响(半内生增长模型)**

　　第二代内生增长模型将罗默模型中的产品种类增加的技术进步和阿吉翁-豪伊特模型中的产品质量改进的技术进步结合起来,消除了规模效应(Smulders and van de Klundert,1995;Young 1998;Peretto,1998;Howitt,1999)。在第二代内生增长模型中,人口规模的扩张使市场中产品的种类增加,而用于提高每一种产品质量的研发劳动力的数量保持不变。经济体的长期增长率由产品种类增加的水平型创新(horizontal innovation)和产品质量改进的垂直型创新(vertical innovation)这两种类型的创新共同决定。

　　现在以佩雷托(Peretto,2006)为例,讨论第二代内生增长模型的基本结构。在该模型中,最终产品的生产函数为:

$$Y_t = \left[ \int_0^{N_t} X_t^{\frac{1}{\theta}}(i)di \right]^{\theta} \qquad (2-19)$$

其中$\theta > 1$。式(2-19)中的生产函数被称为常替代弹性(CES)生产函数,中间产品$X_t(i)$之间的替代弹性为$\theta/(\theta-1)$。每一种中间产品$i$由一个垄断企业生产,中间产品的生产函数为$X_t(i) = A_t(i)L_{x,t}(i)$。其中$A_t(i)$是行业$i$中产品的质量,所有产品的平均质量为$A_t = \int_0^{N_t} A_t(i)di/N_t$,$L_{x,t}(i)$是用于生产行业$i$中间产品的劳动力投入。产品质量改进的研发函数为:

$$\dot{A}_t(i) = \eta A_t(i) L_{A,t}(i) \qquad (2-20)$$

其中 $\eta > 0$, $L_{A,t}(i)$ 是行业 $i$ 中的垄断企业改进产品质量的研发劳动力投入。只要企业的进入成本大于 $0$, 新进入的企业一定不会生产现有的中间产品, 而是研发新的中间产品。这是因为由于存在进入成本, 新进入的企业如果和在位企业进行价格竞争就会导致损失。因此, 每一种中间产品由一个垄断企业生产, 市场中产品的种类数等于市场中的企业数量。产品种类随着人口的增长而成比例增长:

$$N_t = \beta L_t \qquad (2-21)$$

其中 $L_t = \int_0^{N_t} [L_{x,t}(i) + L_{A,t}(i)] di$。为了简化, 这里假设了产品种类由人口规模决定。但是在第二代内生增长模型中, 中间产品的数量与中间产品的质量都是内生的, 可以通过假设产品种类增加的研发函数为 $\dot{N}_t = \mu L_t$ 得出式 (2-21)。在罗默模型和琼斯模型中产品质量是外生且不变的, 而在阿吉翁-豪伊特模型和西格斯托姆模型中产品种类是外生且不变的。将式 (2-19) 中的最终产品生产函数重新整理可得 $Y_t = N_t^\theta A L_{X,t}$, 其中 $L_{X,t} = \int_0^{N_t} L_{X,t}(i) di$ 为用于生产中间产品的劳动力投入总量。人均产出的增长率为:

$$g_t = (\theta - 1) \frac{\dot{N}_t}{N_t} + \frac{\dot{A}_t}{A_t} = (\theta - 1) n + \eta \frac{L_A}{N_t} \qquad (2-22)$$

其中 $n$ 为外生的人口增长率, $L_A = \int_0^{N_t} L_{A,t}(i) di$ 为用于改进中间产品质量的研发劳动力投入总量。由式 (2-22) 可知, 人均产出的增长率为外生的人口增长率与产品质量的增长率之和。在平衡增长路径上, $L_A / N_t$ 为常数, 产品质量的增长率也为常数, 而且人均产出的增长率独立于人口总量 $L_t$。人口规模的增长带来了中间产品种类的增长, 这导致用于改进每种中间产品质量的研发劳动力 $L_A / N_t$ 不变。尤其值得注意的是当人口增长率为 $0$ 时, 经济体的长期增长率仍然大于 0，这与半内生增长模型不同。

在罗默模型中，如果人口规模保持不变，那么经济体的长期增长率也保持不变且大于 0。在半内生增长模型中，如果人口规模保持不变，即人口的增长率为 0，那么经济体的长期增长率也为 0。而在第二代内生增长模型中，如果人口规模保持不变，经济体的长期增长率与罗默模型一样也保持不变且大于 0，但是经济体的长期增长率独立于人口规模。在罗默模型中，提高研发投入的政府政策使经济体的长期增长率提高。在半内生增长模型中，提高研发投入的政府政策不能改变经济体的长期增长率。而在第二代内生增长模型中，提高改进产品质量的研发投入使经济体的长期增长率提高。也就是说，第二代内生增长模型在消除规模效应的同时，保留了罗默模型中改变研发投入的政府政策可以改变经济体的长期增长率这一重要性质。

在第二代内生增长模型中，产品质量改进的垂直型创新是经济持续增长的动力（Peretto and Connolly，2007），而产品种类增加的水平型创新取决于外生的人口增长率。如果人口增长率大于 0，产品种类随着人口总量的增长而不断增长。如果人口规模保持不变，产品种类也保持不变。但是，产品质量改进的创新取决于每一种产品的研发劳动力 $L_A/N_t$ 的投入量。由于产品种类是内生的并且与人口规模 $L_t$ 正相关，这使得改进每一种产品质量的研发劳动力 $L_A/N_t$ 的投入量独立于总的人口规模。因此，即使人口的增长率为 0，产品质量改进的技术进步率仍然大于 0。

大量的实证研究检验了内生增长模型、半内生增长模型和第二代内生增长模型与数据是否匹配。琼斯（Jones，1995b）使用美国的时间序列数据和跨国的面板数据发现，尽管二战后世界各国研发投入不断增加，经济体的长期增长率并没有出现任何上升趋势，因此内生增长模型与数据不匹配，无法解释数据中发现的增长模式。但是，通过分析更长时间的历史数据可以发现，人均收入的增长率随着人口规模的增长而增长（Kremer，1993；Dinopoulos and Thompson，1999）。阿吉翁和豪伊特（Aghion and Howitt，2005）、哈和豪伊特（Ha and

Howitt，2006)、波特和斯特恩(Porter and Stern，2000)、凯利和施密特(Kelley and Schmidt，2003)的实证研究发现，人均收入的增长率与人口的增长率之间不存在正相关性，否定了半内生增长模型的结论——人均收入的增长率随着人口增长率的增加而增加。而柯薛拉柯塔和易(Kocherlakota and Yi，1997)通过研究美国和英国的时间序列数据发现，税收和公共支出对长期增长率的影响不为 0，否定了半内生增长模型的结论——政府的政策工具对经济体的长期增长率没有影响。近期大量的实证研究发现，由第二代内生增长模型得出的结论与各国的时间序列数据和跨国面板数据匹配，并且第二代内生增长模型可以解释数据中发现的增长模式(Laincz and Peretto，2006；Ha and Howitt，2007；Madsen，2008；Madsen et al.，2010；Ang and Madsen，2011)。

本书在第二代内生增长模型中研究了最低工资、专利保护和研发补贴通过市场结构对创新和经济增长的影响。这三种政策工具影响经济体的市场结构、企业创新和经济增长的方式不同。最低工资通过改变经济体的市场规模，改变了经济体中产品的数量和每种产品的市场规模，并且进一步改变了企业的研发投入和经济体的增长率。专利保护尽管不会直接改变经济体的市场规模，但是给定每种产品的市场规模，专利保护通过改变企业的研发收益，改变了经济体中产品的数量和每种产品的市场规模，并且进一步改变了每个企业的研发投入和经济体的增长率。研发补贴与专利保护一样也不会直接改变经济体的市场规模，但是给定每种产品的市场规模，研发补贴通过改变企业的研发成本，改变了经济体中产品的数量和每种产品的市场规模，并且进一步改变了每个企业的研发投入和经济体的增长率。

上文讨论了内生增长文献中的规模效应，即人口规模对经济增长的影响。在不考虑人口结构的情况下，可以将市场规模等同于人口规模，即经济体的市场规模等于经济体的人口规模。由于本书的研究聚焦于各种政策工具通过影响企业(产品)的市场规模以及企业的数量影响企业的研发创新和经济体的增长率，在下一节对经济增长决定因素的讨论中，本书将进一步讨论人口与经济增长之间的关系的文献。

在前文讨论的内生增长模型中,研发投入品是劳动力,这种研发函数设定被称为基于知识的研发(Knowledge-based R&D)。另外一种建模方式是假设研发投入品是最终产品,这种研发函数设定被称为实验室设备研发(Lab-equipment R&D)(Rivera-Batiz and Romer,1991)。在基于研发的内生增长模型中,很难区分规模效应和市场规模效应,可以将它们看作是一个硬币的两面。从供给角度来说,人口规模的扩大增加了可供投入研发创新活动的劳动力,即规模效应;从需求角度来说,人口规模的扩大增加了企业研发创新的回报率,即市场规模效应。阿西莫格鲁(Acemoglu,1998,2002)将罗默模型的研发部门扩展为两部门,研究了偏向性技术进步(directed technical change)对经济增长和工资差距的影响,他分别假设研发投入品为最终产品和劳动力。当假设研发投入品为最终产品时,模型中存在市场规模效应。当假设研发投入品为劳动力时,模型中存在规模效应。朱智豪和科齐(Chu and Cozzi,2019)假设研发需要劳动力和最终产品这两种投入品,研发中的劳动力投入反映了规模效应,研发中的最终产品投入反映了市场规模效应。他们的研究发现规模效应和市场规模效应对创新和经济增长都具有重要作用,这两者之间的相对重要性取决于研发函数中劳动力的密集度和最终产品的密集度。

## 三、经济增长的决定因素

前文讨论了新古典增长模型和内生增长模型,这些模型从不同角度研究了长期经济增长的决定因素。新古典增长理论认为一个经济体人均收入的水平取决于其人均资本存量的水平,但是长期的经济增长是由外生的技术进步决定的。内生增长理论将技术进步内生化,长期的经济增长是由企业追逐利润的研发活动所驱动的。那么是什么原因导致了一些国家大量积累物质资本和人力资本,并且有大量企业从事研发创新活动,而另外一些国家则无法积累物质资本和人力资本,也没有企业进行创新活动或者引入其他国家的新技术,这是一个重要的问题并且一直受到经济学界的广泛关注。接下来,本书将总结文献中关于经济增长决定因素的讨论。本书研究了最低工资、专利保护和研发补贴这三种政策工具通过改变企业的市场规模影响了企业的研发创新活动和经济体的增长率,一个经济体的市场规模由其人口规模所决定,因此本部分的内容重点讨论了人口与经济增长之间的关系。

在 1800 年之前,世界上所有经济体的人均收入都在其长期平均水平附近波动,没有上升趋势。英国工业革命发生在 1780 年左右,随后一些西方国家的人均收入在 1820 年左右开始持续增长,在过去的 200 年中,这些国家的人均实际收入增长了 10~15 倍。因此回顾世界经济史可以发现,工业革命代表了现代经济的诞生,它是两个完全不同的经济体系之间的分水岭(Clark,2014)。工业革命之前是马尔萨斯时代(Malthus era),工业革命之后是现代经济增长时代。但是在过去的 200 年中,不同国家之间人均收入的增长率存在巨大差异,这也导致了当今世界不同国家之间人均收入和生活水平的巨大差异,这通常被称为"大分流"(Great Divergence)。经济学文献在解释是什么导致了人均收入的持续增长以及工业革命为什么会发生在英国而不是其他国家这些问题上存在很多争议,接下来本书讨论从制度和人口这两个视角解释工业革命的文献。

一些文献认为一个国家的制度在经济持续增长和工业革命发生的过程中起到了决定性作用,"坏的制度"(bad institutions)阻碍了经济增长(North and Thomas,1973;North and Weingast,1989;North,1994;Jones,2002;Acemoglu,Robinson and Johnson,2001,2002)。以诺斯为代表的制度学派认为,工业革命前国家统治者主要依靠暴力威胁来维持其专制统治,而到了工业革命时期英国已经成为君主立宪制的民主国家。民主制度中的产权制度会最大化社会总产出,而专制制度中的产权制度只会最大化统治精英的产出。阿西莫格鲁和罗宾逊(Acemoglu and Robinson,2012)提出了包容性经济制度(inclusive economic institutions)和汲取性经济制度(extractive economic institutions)的概念。他们认为,包容性经济制度会在最大范围内广泛地保护公民的产权和利益,这有利于激励企业家进行长期投资和创新活动,从而促进了资本积累、技术进步和长期的经济增长。而汲取性经济制度只会保护少数统治阶层的利益，抑制了企业家的长期投资和创新，因为在汲取性经济制度下企业家通过创新所获得的利益将很快被统治阶层攫取殆尽。莫基尔（Mokyr，2005，2009）则认为在工业革命之前的几百年中，专利和产权保护逐渐受到了欧洲各国的重视。但是相比其他欧洲国家，英国的专利保护强度不是最高的，而且工业革命早期的发明家从他们的重大发明中得到的利润份额非常有限。另一个问题是那些有利于经济增长的政治制度变革发生在工业革命之前一百年，如果是因为民主制度和产权保护制度的建立导致了生产率的突然增长（Acemoglu and Robinson，2012），那么为什么经济起飞发生的时间点比制度变革发生的时间点要晚一百年（Clark，2014）。

另一部分文献则关注人口和人力资本积累对工业革命、经济起飞和长期持续经济增长的作用（Malthus，1798；Becker et al.，1990；Kremer，1993；Lucas，2002；Galor and Weil，2000；Galor and Moav，2002；Ashraf and Galor，2011；Jones，2013）。工业革命前，全世界总体的人均收入水平很低且增长极为缓慢，世界各国平均的人均收入增长率接近于0，这段时期被称为马尔萨斯时代。马尔萨斯（Malthus，1798）的理论可以较好地解释工业革命之前全球人口变化和人均收入变化之间的关系，接下来本书根据琼斯和沃华夫（Jones and Vollrath，2013）对马尔萨斯模型的内涵进行基本的阐释。

在马尔萨斯时代，农业在经济中占据主导地位，此时最重要的生产要素是土地和劳动力，并且可以假设土地的供给是固定不变的。生产函数为 $Y_t = A_t L_t^{1-\beta} R^\beta$，其中 $L_t$ 为人口规模，$R$ 为土地存量，$A_t$ 代表经济体的技术水平。在生产函数两边同时除以 $L_t$ 可得经济体的人均收入水平 $y_t$ 为：

$$y_t = \frac{Y_t}{L_t} = A_t \left(\frac{R}{L_t}\right)^\beta \qquad (2-23)$$

由此可以看出，人均收入与人口规模负相关。也就是说在技术水平保持不变和土地存量固定不变的情况下,随着人口的不断增加,劳动力的边际产出不断下降,人均产出也将随之不断下降。

假设马尔萨斯时代的人口增长率为:

$$\frac{\dot{L}_t}{L_t} = \kappa(y_t - \bar{c}) \tag{2-24}$$

其中 $\kappa > 0$,$\bar{c}$ 代表生存所需的最低消费水平。由式(2-24)可知,当人均收入水平 $y_t$ 低于生存所需的最低消费水平 $\bar{c}$ 时,人口将会不断减少。当人均收入水平 $y_t$ 高于生存所需的最低消费水平 $\bar{c}$ 时,人口将会不断增加,因为随着人均收入的不断增加,更多的食物可以养育更多的孩子。将式(2-23)中的人均收入函数代入式(2-24)的人口增长率函数可得:

$$\frac{\dot{L}_t}{L_t} = \kappa\left(A_t\left(\frac{R}{L_t}\right)^{\beta} - \bar{c}\right) \tag{2-25}$$

式(2-25)给出了人口增长率与人口规模之间的关系,由此可以看出人口增长率与人口规模负相关。这是因为人口规模 $L_t$ 越小,人均产出 $y_t$ 越高,人口增长率就越高。当人口增长率为 0 时,可以求出人口规模的稳态值为:$L^* = (A_t/\bar{c})^{1/\beta}R$。不论最初的人口规模大于其稳态值还是小于其稳态值,只要经济体的人口规模偏离其稳态值,那么人口规模 $L_t$ 最终将会回到稳态值 $L^*$ 上。人口规模的稳态值 $L^*$ 是由经济体的技术水平 $A_t$、土地存量 $R$ 和生存所需的最低消费水平 $\bar{c}$ 共同决定的。技术水平 $A_t$ 越高,人口规模的稳态值 $L^*$ 就越大。这是因为在给定土地存量 $R$ 的情况下,技术水平 $A_t$ 越高,总产出 $Y_t$ 就越大,给定生存所需的最低消费水平 $\bar{c}$,经济体所能承担的人口规模 $L^*$ 就越大。土地存量 $R$ 越大,人口规模的稳态值 $L^*$ 就越大。这是因为在给定技术水平 $A_t$ 的情况下,土地存量 $R$ 越大,总产出 $Y_t$ 就越大,给定生存所需的最低消费水平 $\bar{c}$,经济体所能承担的人口规模 $L^*$ 就越大。生存所需的最低消费水平 $\bar{c}$ 越低,人口规模的稳态值 $L^*$ 就越大。这是因为在给定土地存量 $R$ 和技术水平 $A_t$ 的情况下,生存所需的最低消费水平 $\bar{c}$ 越低,经济体所能承担的人口规模 $L^*$ 就越大。

将人口规模的稳态值 $L^*$ 代入式(2-23)中的人均收入 $y_t$ 可得,当人口规模达到其稳态值 $L^*$ 时,人均产出也达到其稳态值 $y^* = \bar{c}$(令 $\dot{L}_t/L_t = 0$ 也可以得出相同的 $y^*$)。因此,人均收入的稳态值 $y^*$ 等于生存所需的最低消费水平 $\bar{c}$。人均收入的稳态值 $y^*$ 独立于经济体的土地存量 $R$ 和技术水平 $A_t$,也就是说在长期,一个经济体的资源禀赋和技术水平对人们的生活水平没有任何影响。这是因为人口增长率与人均收入水平正相关,只要人均收入水平较高,那么人口增长率就大于 0,经济体的人口规模就会不断增加,直到人均收入水平降至人口增长率为 0 的水平。这意味着在马尔萨斯时代,人均收入即使有短暂的上升或下降,但是长期人均收入保持不变。

由式(2-23)可得人均收入的增长率为 $\dot{y}_t/y_t = \dot{A}_t/A_t - \beta\dot{L}_t/L_t$。假设存在外生的技术进步: $\dot{A}_t/A_t = g$。如果人口增长率 $\dot{L}_t/L_t > g/\beta$,则人均收入下降。如果人口增长率 $\dot{L}_t/L_t < g/\beta$,则人均收入上升。稳态人口增长率为 $\dot{L}_t/L_t = g/\beta$,此时人均收入的稳态值为 $y^* = g/(\beta\kappa) + \bar{c}$。因此,人均收入的稳态值随着外生技术进步率 $g$ 的增加而增加。但是,即使经济体的技术水平 $A_t$ 不断提高(TFP 不断上升),人口规模的扩张将会使人均收入回到其稳态值 $y^*$ 上,人均收入的长期增长率仍然为 0。

马尔萨斯模型可以很好地解释工业革命前的经济增长:人口不断增长,但是人均收入几乎没有增长;即使存在短期的人均收入的增长,随着人口规模的扩张,人均收入又出现了下降。但是,从工业革命开始,全世界的人口规模和人均收入水平都经历了快速的增长,而马尔萨斯模型无法解释这一现象。克雷默(Kremer,1993)将上述的马尔萨斯模型中的技术进步内生化,解释了从人类历史开始到 20 世纪 50 年代,人口增长率和人口规模之间的正相关关系,并且发现在人类历史上人口规模越大的国家人均收入的增长率和人口规模的增长率就越高。

另外一些文献则强调了人力资本对经济增长的重要作用。统一增长理论对发达经济体从马尔萨斯停滞到经济起飞并最终进入现代经济增长阶段的整个动态路径给出了相应的解释（Galor and Weil，2000；Galor and Moav，2002；Galor，2011；Ashraf and Galor，2011；Desmet and Parente，2012）。发达经济体的整个经济增长路径可以概括为：人均收入的增长率从 0 变为正，之后增速不断增加，最后达到一个稳定的值。统一增长理论产生这种 S 形增长路径的核心机制是在家庭的生育决策中存在养育孩子的质量和数量之间的权衡（quality and quantity tradeoff）。斯特鲁利奇（Strulik，2007）及斯特鲁利奇和佩特纳（Strulik and Prettner，2013）进一步在统一增长理论框架下研究了人力资本积累的重要作用。

工业革命前夕，英国人口的识字和识数水平相对较高，而其他经济体在同一时期的人口识字和识数水平较低。但是，克拉克（Clark，2014）使用增长核算框架测算了 1760—1860 年间人力资本水平的提高对英国经济增长的贡献。他的研究发现人力资本投资对英国人均收入年均增长率的贡献仅为 0.08 个百分点，对英国经济增长的贡献非常有限。因此，克拉克认为如果人力资本投资对工业革命来说是至关重要的，那么一定是因为人力资本投资具有很强的正外部性（Lucas，1988）。

但是包括统一增长理论在内的上述关于人口与经济增长的文献忽略了现代经济增长中企业家这一重要角色，这导致技术进步在上述的理论框架下只扮演着一个次要的角色。克拉克（Clark，2014）认为内生增长模型对解释工业革命前后发达经济体经济增长的历史具有较好的前景。目前的实证研究表明，第二代内生增长模型可以较好地匹配各层面的宏观和微观数据，但是半内生增长模型与实证研究的结果矛盾。因此，第二代熊彼特内生增长模型可以较好地解释现代经济增长（Peretto，1998；Peretto，1999；Peretto，2007；Peretto and Connolly，2007；Peretto，2015；Peretto and Valente，2015）。

佩雷托(Peretto，2015)在第二代内生增长模型的基础上，刻画了创新在驱动经济体从马尔萨斯停滞到经济起飞最后收敛于平衡增长路径整个动态过程中的重要作用，重点讨论了人口的增长和市场规模的扩大对企业研发创新的作用，以及由此产生的内生增长路径。该模型产生的人均收入增长率的S形路径较好地刻画了历史数据中关于经济增长的关键特征：人均收入的增长率依次经历了停滞阶段、加速阶段、减速阶段，并最终收敛到稳态值上。同时，该模型可以较好地与宏观经济数据匹配，比如消费占国内生产总值的比重，利润占国内生产总值的比重，以及国民收入在各生产要素之间的分配等。模型给出了闭合形式的解，这使得在模型中分析各种政策工具的作用变得十分简洁清晰。

本书在佩雷托(Peretto，2015)内生经济起飞的内生增长模型的基础上，研究了专利保护和研发补贴对一个经济体在起飞、转移动态和平衡增长路径上对企业创新和经济增长的不同作用。在该模型中，人口增长率是一个外生的正的常数。在第一个阶段，当经济体的人口规模较小时，企业的市场规模较小，人均产出的增长率为0，经济体处于停滞阶段。在该模型中，人口规模在决定企业的市场规模方面起到了决定性作用，随着人口规模的不断扩大，企业的市场规模也随之变大。当企业的市场规模变得足够大时，创新和技术进步出现了，人均产出开始增长，经济体到达了第二个阶段。在这一阶段，随着人口的不断增长，企业的市场规模进一步扩张，企业的研发收益不断增加，人均产出的增长率不断上升。企业的市场规模随着人口的增长而不断扩张并且达到一个内生的阈值时，经济体中一定会出现新产品的发明（即产品种类增加的创新和技术进步），但是经济体中不一定会出现产品质量的改进（即产品质量改进的创新和技术进步）。因为要出现产品质量改进的创新需要企业的市场规模达到一个更高的阈值，而随着产品种类的不断增加，每个企业的市场规模未必会达到这个阈值。在长期，人均产出的增长率收敛至其稳态值，经济体到达其平衡增长路径上。如果经济体中只有产品种类增加的创新，那么在平衡增长路径上经济体出现的是半内生增长。如果经济体中既有产品种类增加的创新，也有产品质量改进的创新,那么在平衡增长路径上经济体出现的是内生增长。

## 第二节　最低工资

最低工资是指雇主支付给工人的合法的最低劳动报酬,目前许多国家对最低工资进行了立法以保护劳动者。拉利伯特等(Laliberte et al.,2012)总结了发达国家和发展中国家的最低工资政策历史。从理论上来说,最低工资一般高于由劳动力供给和劳动力需求共同决定的市场均衡工资水平,导致愿意工作的劳动力数量大于企业愿意雇用的劳动力数量,因此最低工资会导致失业。但是最低工资只能影响低技能劳动力市场,而无法直接影响高技能劳动力市场,因为高技能劳动力的工资水平远远高于最低工资。最低工资对就业和经济增长的影响取决于其覆盖面和影响的人群,如果大多数劳动力的工资水平高于最低工资,只有少数的劳动力受到最低工资的影响,那么最低工资对就业和经济增长的影响就比较小。屈曙光和彭璧玉(2010)总结了国内外关于工资对经济增长影响的文献。

最低工资的支持者认为,最低工资可以提高底层劳动力的收入,减少贫困,增加消费,提高生产的自动化水平并且提高企业的效率。马钦和曼宁(Machin and Manning,1994)认为英国最低工资约束力的大幅下降是导致工资差距扩大的重要原因。狄更斯和曼宁(Dickens and Manning,2004)发现尽管最低工资在短期内对英国的工资分布产生了影响,但是这种影响的效果随着平均工资的上升而快速下降。都阳和潘伟光(Du and Pan,2009)发现中国的最低工资改善了低技能劳动力的收入水平,但是由于流动人口的工作时间更长,按月计算的最低工资政策相比按小时计算的最低工资政策缺乏有效性。叶林祥等(2015)发现我国的月最低工资政策得到了有效的执行,但是由于绩效工资和加班工资抵消了一部分最低工资对员工收入的影响,最低工资对小时工资的影响较小。马双、张劼和朱喜(2012)发现最低工资更多地增加了我国劳动密集型企业和人均资本存量较低的企业的平均工资。李和萨兹（Lee and Saez，2012）认为如果政府偏好将收入从高工资劳动力向低工资劳动力的再配置，那么具有约束作用的最低工资会提高社会福利，帕累托改进的政策应该降低税前最低工资，并且通过对高收入劳动力征税增加对低收入劳动力的转移支付，同时保持低收入劳动力的税后最低工资不变。普拉什（Prasch，1996）总结了最低工资的积极作用。伯克豪斯和萨比亚（Burkhauser and Sabia，2007）发现最低工资对美国的贫困家庭的影响很小，非贫困家庭是最低工资的主要受益者。翁杰和徐圣（2015）以及赵秋运和张建武（2013）发现最低工资使资本替代劳动，加快了资本深化，并且降低了我国的劳动收入的份额。

提高最低工资导致企业的劳动力成本上升，对经济增长产生了负面效果。但是提高最低工资通过使低效率的企业退出市场提高了资源配置效率（刘贯春、陈登科和丰超，2017），通过用资本和技术替代劳动力增加了企业的创新（林炜，2013），以及通过效率工资效应增加了企业的生产率。赵西亮和李建强（2016）以及王小霞、蒋殿春和李磊（2018）通过对中国工业企业数据和专利数据的研究发现，劳动力成本上升总体上促进了中国制造业企业的创新，促进了产业升级，但是最低工资对企业的影响取决于不同地区的发展水平、行业的性质、企业的所有制等因素。

最低工资的反对者则认为，最低工资减少了就业，增加了失业，加剧了贫困，对中小企业具有很大的伤害，并且提高了产品的成本和价格，降低了以劳动密集型产业为比较优势的经济体的竞争力。由于年轻劳动力的工资较低，最低工资可能对年轻劳动力的就业影响较大（Brown，1988）。一些实证研究发现最低工资减少了低技能劳动力和年轻劳动力的就业，但是另外一些实证研究却发现了相反的结果。巴赞和马丁（Bazen and Martin，1991）研究了法国最低工资对年轻人的工资和就业的影响，他们发现最低工资提高了法国年轻人的工资但是对成年人的工资没有影响，同时最低工资也导致了年轻劳动力失业的增加。袁青川和易定红（2020）发现我国的最低工资尽管降低了就业率但是增加了劳动者的工作时间,总体上增加了劳动供给。杜布、莱斯特和赖克(Dube,Lester and Reich,2010)发现在考虑了地区经济条件等因素后,最低工资对美国的就业没有负面影响。斯图尔特(Stewart,2004)也发现最低工资对英国的就业没有负面影响。卡德(Card,1992a,1992b)利用联邦1990年最低工资在各州的实施所提供的自然实验以及加利福尼亚州1988年的最低工资政策,研究发现最低工资提高了青少年劳动力的工资,但是并没有导致青少年劳动力的就业损失,也没有改变青少年的入学率。卡德和克鲁格(Card and Krueger,1994,2000)研究了最低工资对新泽西州(提高了最低工资)和宾夕法尼亚州东部地区(最低工资保持不变)的快餐店就业的影响,他们发现提高最低工资并未减少新泽西州快餐店的就业,甚至可能轻微地增加了就业。不同于卡德和克鲁格(Card and Krueger,1994)使用的电话调查数据,纽马克和瓦舍尔(Neumark and Wascher,2000)使用工资记录数据发现最低工资减少了快餐店的就业。

伯克豪斯等(Burkhauser et al.,2000)及米尔和韦斯特(Meer and West,2016)指出一些研究发现最低工资对就业没有负面作用的原因是他们并未考虑最低工资对就业作用的延迟性。他们发现在考虑到最低工资对就业的延迟效果后,最低工资的确导致了年轻人的失业,并且新古典模型可以较好地预测最低工资对劳动力市场的影响(Partridge and Partridge,1999)。贾迪姆等(Jardim et al.,2018)认为最低工资对低收入劳动力的工资和就业的影响取决于当地的各种经济因素。任玉霜、曲秉春和李盛基(2016)认为政府在制定最低工资时还需要考虑其他省份的经济状况。萨比亚(Sabia,2015)使用1979—2012年的美国各州数据发现,最低工资每增加10%,以低技能劳动密集型产业为主的州相比以高技能劳动密集型产业为主的州GDP在短期内下降了1%~2%。萨比亚(Sabia,2014)发现最低工资在经济衰退时期对低技能劳动力就业的负面作用大于其在经济扩张时期对低技能劳动力就业的负面作用。

一些文献在增长模型中研究了最低工资的作用。托佩尔(Topel,1999)对劳动力市场、人力资本积累和经济增长之间的关系的相关文献进行了综述。卡赫克和米歇尔(Cahuc and Michel,1996)在内生增长的代际交叠模型(OLG)中研究了最低工资对经济增长的作用,他们发现最低工资通过增加人力资本积累提高了经济体的增长率。这是因为最低工资降低了企业对低技能劳动力的需求,同时提高了劳动力进行人力资本积累的激励。技能形成依赖于在学校接受的教育和企业对低技能劳动力的培训,当经济增长由技能形成驱动时,最低工资对经济增长的作用不明确(Ravn and Sorensen,1999)。芬蒂和戈里(Fanti and Gori,2011)在具有 AK 形式增长的代际交叠模型中研究了最低工资对经济增长和社会福利的影响,他们发现最低工资可以促进经济增长并且改进社会福利,因此存在使经济增长最大化的最低工资和使社会福利最大化的最低工资。这是因为最低工资一方面减少了企业对低技能劳动力的培训,另一方面增加了劳动力在学校接受教育的时间,而最低工资对经济增长的净效应取决于在学校接受教育还是在企业接受培训对促进劳动生产率的提高作用更大。阿杰诺和林(Agenor and Lim,2018)在基于产品种类增加的水平型创新的内生增长的代际交叠模型中定量分析了最低工资的动态作用,他们发现提高最低工资增加了失业并且减少了经济体的增长率。米克尔(Meckl,2004)将效率工资引入质量改进的垂直型技术进步的内生增长模型,研究了失业和经济增长之间的关系,他发现提高最低工资提高了经济体的增长率和低技能劳动力的失业率,但是可能降低高技能劳动力的失业率。朱智豪等(Chu et al.,2019)在产品质量改进的垂直型创新的熊彼特增长模型中研究了最低工资对自动化和创新的影响,他们发现提高最低工资降低了低技能劳动力的就业,但是对创新和自动化的影响不确定。如果生产函数中低技能劳动力与高技能劳动力之间的替代弹性小于(大于)1,那么提高最低工资将增加(降低)自动化和创新。

上述文献都是在封闭经济中研究最低工资对经济增长的作用,另外一些文献则在开放经济中研究了最低工资对经济增长的作用。阿斯肯纳兹(Askenazy,2003)在开放经济中研究了最低工资对创新型国家经济增长的作用,他发现在开放经济中最低工资使资源从生产部门转移到了研发部门,并且提高了经济体的增长率。

伊尔门和维格尔(Irmen and Wigger，2006)在资本流动的两国内生增长模型中研究了最低工资对经济增长的作用，他们发现如果没有实施最低工资(工资等于市场均衡工资)的国家的储蓄倾向小于实施最低工资的国家的储蓄倾向，最低工资更有可能同时降低两国的增长率。朱智豪等(Chu et al.，2019)在开放经济的内生增长模型中研究了最低工资对异质性企业的作用，他们发现提高最低工资降低了使用国内投入品的企业的创新，但是增加了进口国外投入品的企业的创新，这些结论与从中国微观企业数据中得到的结论一致。这是因为提高最低工资减少了就业，进口国外投入品的企业将进口更多的国外投入品，由此产生的技术溢出效应增强了企业的创新。樊海潮等(Fan et al.，2019)及王欢欢、樊海潮和唐立鑫(2019)的研究发现，提高最低工资和强化最低法律制度增加了中国企业的对外投资。

上述研究最低工资对经济增长的作用的文献忽略了市场结构的重要作用。本书在内生市场结构的熊彼特增长模型(Peretto，2007，2011a)中研究了最低工资对低技能劳动力的就业、失业率和经济增长的作用并且发现，提高最低工资减少了低技能劳动力的就业和经济体的产出水平，并且提高了低技能劳动力的失业率。同时，提高最低工资降低了经济体在转移动态路径上的增长率，但是对经济体的长期稳态增长率没有影响。这些结论的经济学直觉如下。对低技能劳动力的工资具有约束作用的最低工资降低了企业对低技能劳动力的需求，并且导致企业对低技能劳动力的雇用水平低于低技能劳动力充分就业时的水平，从而导致了低技能劳动力的失业。低技能劳动力就业水平的下降降低了经济体的产出水平和企业的市场规模，降低了企业进行研发创新的激励和企业的研发投入，进而降低了转移动态路径上产出的增长率。企业市场规模的减小导致一些企业退出市场，而仍然留在市场中的企业的市场规模逐渐恢复到其最初的水平，企业的研发投入也恢复到了其最初的水平，经济体的增长率也随之恢复到了其最初的水平。因此，尽管提高最低工资最初对经济增长具有负面作用,但是经济体的长期增长率独立于最低工资的水平。本书的贡献是在两个维度创新的熊彼特增长模型中定性和定量地分析了最低工资对低技能劳动力的就业和经济增长的动态作用,并且发现内生市场结构使最低工资对经济增长的作用随着时间的变化而改变。

## 第三节　知识产权

知识产权保护对企业的创新和技术进步至关重要,并且已经成为国家和企业参与国际竞争和国际贸易规则制定的核心议题。诺斯(North,1981)指出技术进步的速度取决于发明者从他的发明中获得更大份额收益的能力,只有专利制度创造了一套系统的制度激励,使发明的私人收益更接近其社会收益。瑞典皇家科学院(Royal Swedish Academy of Sciences,2018)在对 2018 年诺贝尔经济学奖获得者贡献的总结中指出,罗默的研究表明不受政府规制的市场会产生技术进步,但是往往会导致企业的研发投入低于社会最优水平。解决这一问题需要精心设计的政府干预政策,例如研发补贴和专利制度。基于研发和创新的内生增长模型(Romer,1990;Grossman and Helpman,1991;Aghion and Howitt,1992;Acemoglu,2002)为研究知识产权对创新和经济增长的影响提供了强有力的工具。

专利保护旨在提供给专利的发明者以足够的利润,激励个人和企业进行创新活动。在一个缺乏专利和知识产权保护的国家,很少有个人和企业会进行创新。因为即使他们研发出了新产品,由于其他竞争者可以没有成本地或以极低成本模仿并生产他们的新产品,发明者将不会获得太高的利润。由于研发新产品需要投入一定的固定成本,因此发明者获得的利润流的贴现值很有可能小于其研发投入的固定成本。在这种情况下没有个人和企业愿意进行大规模的创新和研发活动,即使受到兴趣等其他因素的驱动,个人和企业的研发创新也是偶然发生的并且与经济活动的关系较弱,根本无法在经济体中产生持续的创新和技术进步,也无法带来人均收入的持续增长。专利政策包括多个维度的政策工具,比如可专利性(patentability)、专利长度(patent length)、专利宽度(patent breadth)和封锁性专利(blocking patents)等。

可专利性是指一个有效的专利所必须满足的实质性条件。通常情况下专利法规定,一项发明要想获得专利必须满足以下几个条件:第一,可申请专利的标的物,即一种符合专利保护条件的标的物;第二,新颖性(novel),即至少在某些方面可申请专利的标的物必须是新的;第三,在美国的专利法中要求可申请专利的标的物不是显而易见的(non-obvious),在欧洲的专利法中要求可申请专利的标的物涉及创造性步骤(inventive step);第四,在美国的专利法中要求可申请专利的标的物是有用的(useful),在欧洲的专利法中要求可申请专利的标的物容许工业应用(susceptible of industrial application)。

专利长度是指专利保护的期限(term of patent),专利的期限是指专利可以维持有效的最长时间。通常情况下,专利的期限是从专利申请的提交日或者专利的授予日算起的,并且以年为单位来表示。在大多数国家的专利法中要求为了保持专利的有效性,专利权人必须定期支付续订年金(renewal annuities)或维管费(maintenance fees)才能保持专利生效。否则根据相关法律,专利或者权利要求将由法院裁定为无效,因而不再具有可执行性。20世纪90年代,世界贸易组织的《与贸易有关的知识产权协定》(TRIPs)的实施为各国法律中的专利保护期限提供了重大的国际协调。《与贸易有关的知识产权协定》中的第33条规定:"专利保护的期限不得在自专利申请之日起计算的二十年期满前结束。"因此在当今大多数国家的专利法中,发明专利的有效期是自专利申请之日起20年。然而,《与贸易有关的知识产权协定》并不禁止世界贸易组织缔约国在其国内法律中规定期限较短的其他类型的专利权,比如实用新型专利的有效期通常是5到10年。

专利宽度是指专利保护的范围和强度,或者说是对侵犯专利权的行为的惩罚程度。吉尔伯特和夏皮罗(Gilbert and Shapiro,1990)将专利宽度定义为:专利宽度决定了专利持有者提高其垄断价格的能力,这一概念最早来自专利设计文献。加里尼(Gallini,1992)也假设更大的专利宽度增加了模仿者的模仿成本。从定量的角度来说专利宽度越大,即专利保护越强,模仿成本就越高,拥有专利的垄断企业在不失去其市场份额的情况下可以索要的垄断价格就越高(Li,2001;Goh and Olivier,2002;Iwaisako and Futagami,2013)。因此,专利宽度可以用专利权人获得的垄断利润的大小来表示。专利宽度越大,对模仿者的惩罚越重,模仿专利的竞争者就越少,专利权人获得的垄断利润就越大。

封锁性专利是指,两项专利中的其中一项专利在不侵犯另外一项专利的情况下,这两项专利都无法得到有效的实施。具体来说,假设 A 改进了 B 发明的专利,并且 A 为这一改进申请了专利,那么 A 将无法在不侵犯 B 的专利的情况下实现其改进。而 B 也不能在不侵犯 A 的专利的情况下使用 A 的这一改进。因此在很多情况下,封锁性专利的所有者相互交叉许可。

诺德豪斯(Nordhaus,1969)的研究是最早分析专利长度作用的文献。在设计最优专利保护长度时,需要权衡专利保护对创新的激励作用和由专利保护所造成的静态扭曲导致的社会福利损失。专利保护时间越长,创新者可以获得的垄断利润流就越大,提供给创新者的激励就越大。但是专利保护时间越长,由于垄断所导致的社会福利损失也越大。吉尔伯特和夏皮罗(Gilbert and Shapiro,1990)及莱姆佩勒(Klemperer,1990)分析了专利宽度的作用。专利宽度越大,对专利的保护就越强,创新者可以索要的垄断价格就越高,获得的垄断利润就越大,创新的激励也就越大。但是专利宽度越大,由垄断所造成的扭曲效应就越大,社会福利的损失也就越大。寇宗来等(2007)在一个三阶段博弈模型中研究了最优专利保护宽度,他们在模型中同时考虑了专利保护的事前激励和动态效率问题,以及由企业进入市场的固定成本和消费者购买产品的交通成本所产生的事后扭曲问题。他们发现最优专利保护宽度需要在创新激励和事后扭曲这两者之间进行权衡。斯科奇姆(Scotchmer,2004)在局部均衡的理论框架下总结了专利保护的作用。

　　上述文献都是在局部均衡的理论框架下分析专利的作用,奥多诺霍和茨魏米勒(O'Donoghue and Zweimuller,2004)的研究是第一篇在内生增长模型中研究专利保护作用的文献,他们使用质量阶梯模型在一般均衡框架下分析了可获得专利要求和专利宽度对创新和经济增长的影响。贾德(Judd,1985)在动态模型中的研究发现最优的专利长度应该是无限长的,而二神和岩佐子(Futagami and Iwaisako,2003,2007)发现在罗默模型中最优的专利长度应该是有限的。关荫强和黎麟祥(Kwan and Lai,2003)发现延长专利保护的有效期可以大幅提高社会福利。朱智豪(Chu,2009,2010)使用半内生增长模型(Jones,1995b;Segerstrom,1998)定量地研究了专利长度和封锁性专利的宏观经济效应。朱智豪(Chu,2010)使用产品种类增加的罗默模型研究了延长和缩短专利长度对经济增长、消费和资本积累的影响。他发现,在美国经济中尽管存在研发支出不足的问题,但是将现在的 20 年专利保护期进一步延长所带来的企业研发支出的增加十分有限,反过来缩短现在的 20 年专利保护期将会大幅降低企业的研发支出和消费水平。朱智豪(Chu,2009)使用产品质量改进的熊彼特增长模型研究了封锁性专利对经济增长和社会福利的影响。他发现通过最优化封锁性专利的利润分享规则可以大幅提高美国企业的研发支出、消费和社会福利。朱智豪(Chu,2009,2010)发现降低封锁性专利的反载效应[①](backloading effect)比延长专利保护时间对提高企业研发支出和社会福利更加有效。这是因为封锁性专利影响的是创新者的当期利润,而专利长度影响的是创新者的未来利润,美国专利的年平均利润流折旧率为 14%(Bessen,2008),这就使得当期利润的重要性远远高于未来的利润。

　　大多数文献每次只关注一种专利政策工具的作用,朱智豪和古川(Chu and Furukawa,2011)研究了不同专利政策工具之间的最优协调。他们分析了联合

---

① 反载效应是指因为新进入企业的专利侵犯了之前在位企业的专利,所以新进入企业需要将自己的一部分利润分享给之前的在位企业,这就降低了新进入企业的利润和研发激励。

研究体(RJV)中专利宽度和利润分配规则的作用,并且发现这两个专利政策工具的最优组合与单一专利政策工具的最优水平相比福利水平具有显著差异。杨毅柏(Yang,2018)在弹性劳动供给的熊彼特增长模型中研究了专利宽度、封锁性专利和研发补贴的作用,以及在外生研发补贴率的情况下最优的专利组合及其对社会福利的影响。潘士远(2005)在动态一般均衡的理论框架下同时分析了专利长度和专利宽度的作用,并定量测算了最优专利长度和最优专利宽度的大小。

上述文献都是在单一研发部门的理论模型中研究各种专利政策工具的作用。吴和奥利维尔(Goh and Olivier,2002)将罗默模型扩展为上下游两个部门,研究了上游部门和下游部门的专利宽度对经济增长和社会福利的影响。他们发现增加下游部门的专利宽度提高了下游部门的研发激励,但是由于市场规模效应降低了下游部门对上游部门中间产品的需求和研发激励。而增加上游部门的专利宽度提高了上游部门的研发激励。因此,增强对上游部门的专利保护可以提高经济体的增长率,但是增强对下游部门的专利保护降低了经济体的增长率,最优的专利保护应该是上游部门的专利宽度大于下游部门的专利宽度。张弘和寇宗来(2006)发现下游企业的研发能力决定了专利许可费的高低和市场结构。朱智豪(Chu,2011)构建了多研发部门的熊彼特增长模型,定量地研究了统一专利宽度和部门最优专利宽度对经济增长和社会福利的影响。

一些实证研究发现知识产权保护对创新具有负面作用(韩玉雄和李怀祖,2004;Jaffe and Lerner,2004;Bessen and Meurer,2008;Boldrin and Levine,2008)。传统观点认为更强的专利保护通过提高企业的研发回报率增加了企业创新的激励。但是近期的研究发现,更强的专利保护通过提高专利持有者获取后继创新者利润的能力减少了企业的研发支出。朱智豪等(Chu et al.,2012)认为上述两个看似矛盾的观点实际上是一枚硬币的两面。当模型中同时考虑产品种类增加的水平型创新和产品质量改进的垂直型创新时,增强对专利持有者的保护一方面提高了企业研发新产品(水平型创新)的动力,但是同时降低了后继创新者提高现有产品质量(垂直型创新)的动力。在内生质量改进的熊彼特增长模型(将质量阶梯模型中的质量改进步长内生化)中,封锁性专利保护的强度对创新和技术进步的影响会呈现出实证文献中发现的专利保护对创新和经济增长的倒 U 形关系(Chu and Pan,2013),即随着封锁性专利保护的强度的不断增强,经济增长的速度先上升后下降。刘思明等(2015)使用中国省级企业面板数据发现,知识产权保护对创新和经济增长的作用呈倒 U 形。古川(Furukawa,2007)将技术成熟度纳入产品种类增加的内生增长模型,技术成熟度随着最终产品生产过程中的经验积累而不断提高。他发现增强专利保护可能对经济增长产生负面效果,因为增强专利保护恶化了垄断所导致的静态扭曲,导致产量下降,进而降低了技术成熟度的增长率。岩佐子和二神(Iwaisako and Futagami,2013)在内生增长模型中同时考虑创新和资本积累对经济增长的影响,他们发现增强专利保护提高了企业通过创新获得的利润,但是降低了企业对资本的需求和资本积累的速度,因此增强专利保护可能会降低经济体的增长率。

大多数文献在代表性家庭和代表性企业的理论框架下研究专利制度对创新和经济增长的影响,忽视了专利政策对异质性家庭和异质性企业的影响。朱智豪和科齐(Chu and Cozzi,2018)比较了专利保护和研发补贴对创新和收入分配的影响,他们发现增强专利保护和增加研发补贴都促进了创新和经济增长,但是增强专利保护扩大了收入差距,而增加研发补贴可能会降低收入差距。朱智豪等(Chu et al.,2021)在第二代内生增长模型中研究了专利保护对经济增长和收入分配的短期和长期影响。阿西莫格鲁和阿克西吉特(Acemoglu and Akcigit,2012)认为最优的专利保护强度依赖于行业中领导者和追随者之间的技术水平差距。因为涓滴效应(trickle-down effect)的存在,对于领导者与追随者技术水平差距较大的行业,应该给予更强的专利保护。宗庆庆等(2015)发现在垄断程度较高的行业中,知识产权保护对企业研发投入的作用呈倒 U 形。潘士远(2008)发现技能密集型产业和劳动密集型产业的最优专利宽度受到劳动力禀赋结构的影响。史宇鹏和顾全林(2013)发现知识产权保护对非国有企业创新的促进作用大于对国有企业创新的促进作用。

绝大多数的研究只关注产品种类扩张的创新或者产品质量改进的创新这两者之中的一种,只有少数的一些研究在同时具有两个维度创新的熊彼特增长模型中研究了知识产权的作用。朱智豪等(Chu et al.,2016)使用第二代内生增长模型分析了专利宽度对市场结构和经济增长的影响,他们发现短期内增加专利宽度提高了经济体的增长率,但是在长期增加专利宽度导致企业数量上升和经济体的增长率下降。

上述文献并未考虑到专利保护对发展中国家创新的作用和对发达国家创新的作用的差异性,与技术前沿国家的距离对一国的创新政策的重要影响(Acemoglu et al.,2003,2006;Aghion et al.,2005)。受到中国专利制度发展变化历史的启发,朱智豪等(Chu et al.,2014)使用带有技术前沿差距的熊彼特增长模型分析了发展中国家的最优专利政策,并且发现一个国家的最优专利保护强度取决于这个国家所处的发展阶段,也就是一个经济体与世界技术前沿的距离,因为发展中国家的创新和技术进步同时受到国内自主创新和引进国外技术的影响(尹志峰等,2013)。在一个国家的发展初期,应该采用较弱的专利保护政策,因为此时国外技术转移对国内的经济增长更为重要。但是随着国内企业的技术水平不断地向世界技术前沿靠近,国内企业的自主研发对国内的经济增长变得越来越重要,因此应该采用越来越强的专利保护政策鼓励国内企业的自主研发(易先忠和张亚斌,2006;易先忠等,2007;王林和顾江,2009;徐朝阳,2010;刘小鲁,2011;王华,2011;阳立高等,2013;董直庆和焦翠红,2016)。

知识产权保护对创新和经济增长的影响还取决于其他一些因素。比如朱智豪等(Chu et al.,2020)发现知识产权对经济增长和社会福利的影响取决于一个经济体的金融发展水平。而岩佐子(Iwaisako,2013)则认为知识产权对经济增长和社会福利的影响取决于一个经济体公共服务的水平。庄子银(2009)以及郭春野和庄子银(2012)认为发展中国家最优知识产权保护强度依赖于发展中国家的技能水平和市场的竞争程度。尽管这些研究考虑了知识产权对一个经济体的不同发展阶段可能具有的不同作用,但是它们都没有考虑到知识产权对一个经济体内生经济起飞的影响。本书的主要贡献之一是在内生经济起飞的熊彼特增长模型中研究了知识产权的作用,并且重点强调了在存在两个维度创新的情况下,知识产权对一个经济体不同发展阶段的经济增长所具有的不同作用。

本书在佩雷托(Peretto,2015)研究的基础上,研究了专利保护在一个经济体的起飞、转移动态和平衡增长路径这三个阶段对创新和经济增长的不同作用。本书的研究发现,一方面增强专利保护导致经济体起飞的时间点提前,另外一方面增强专利保护最终会减少创新并且降低经济体的长期增长率。产生这些结论的基本经济学直觉如下。企业进行研发创新的激励取决于发明的市场价值,而发明的市场价值既取决于专利保护的程度,又取决于企业的市场规模。增强专利保护通过减少价格竞争提高了专利的市场价值并且增加了企业的利润,同时增强专利保护也缩小了企业研发新产品所需的最小市场规模。因此,增强专利保护使经济体出现创新与经济增长的时间点提前(即工业革命发生的时间点提前),但是不一定会使经济体立刻起飞。这一结论与文献中关于知识产权对工业革命的作用的发现一致(North and Thomas,1973;North,1981;Dutton,1984;Khan,2005)。但是,增强专利保护最终会减少创新并且降低经济体的长期增长率,这一结论与近期的一些实证研究中关于知识产权对经济增长具有阻碍作用的发现一致(Jaffe and Lerner,2004;Bessen and Meurer,2008;Boldrin and Levine,2008)。从直觉上来说,更强的专利保护赋予了垄断企业更强的市场势力,并且通过增加企业的垄断利润提高了企业进行研发创新的激励,鼓励企业研发新产品并进入市场,增加了经济中产品种类的数量。但是市场中产品种类的增加缩小了每种产品的市场规模,减少了改进现有产品质量的研发创新,而改进产品质量的研发创新决定了经济体的长期增长率。

## 第四节　研发补贴

研发补贴是政府促进企业研发和创新的重要政策工具。在本章第一节中，本书讨论了由于各种外部性的存在，企业研发和创新的私人收益低于其社会收益，因此存在研发投入不足的问题。研发补贴的主要目的就是对企业的研发和创新活动进行补贴，降低企业的研发成本，刺激企业增加研发投入，以降低企业的研发投入水平与社会最优的研发投入水平之间的差距。

一些实证研究发现研发补贴以及研发税收减免增加了企业的研发投入，政府的研发补贴对私人研发支出的挤出效应较小（Bloom et al.，2002；Aerts and Schmidt，2008；Gonzalez and Pazo，2008；Hussinger，2008；Berube and Mohnen，2009；解维敏等，2009；Almus and Czarnitzki，2014；林菁璐，2018）。毛其淋和许家云（2015）认为适度的研发补贴有利于促进企业的创新，但是高额度研发补贴则抑制了企业的创新。罗默（Romer，2001）发现尽管研发补贴提高了企业对研发人员的需求，但是受制于美国高等教育制度导致的科学家和工程师的供给不足，研发补贴对企业增加研发人员的作用较小，研发补贴的主要作用是提高研发人员的工资。格罗斯曼（Grossmann，2007）也发现以科学和技术为导向的公共教育相比研发补贴更加有助于促进企业的创新和经济增长。威尔逊（Wilson，2009）发现尽管美国各州的研发补贴提高了该州的研发支出，但是研发补贴对整个美国的研发支出的作用非常有限，因为各州的研发补贴政策产生的实际效果是使企业的研发投入在各州之间转移。一些研究发现研发补贴只对小企业的研发投入有明显的促进作用（Lach，2002；Meuleman and Maeseneire，2012；Bronzini and Piselli，2016），而高尾等（Takalo et al.，2013）使用结构模型估计了研发补贴的作用，他们发现对大企业的研发补贴产生了更大的溢出效应。祖尼加-维森特等（Zuniga-Vicente et al.，2014）总结了研发补贴对企业创新和研发支出的影响的实证文献。

曾金利和张捷（Zeng and Zhang，2007）将扭曲性税收和弹性劳动纳入产品种类增加型创新的内生增长模型中，研究了对最终产品生产的补贴、对最终产品生产企业购买中间产品的补贴和对研发投入的补贴的作用，他们发现对研发投入进行补贴相比对最终产品生产和购买中间产品进行补贴更能促进经济增长和提高社会福利。但是胡瑞洋等（Hu et al.，2019）将扭曲性税收和弹性劳动纳入产品质量改进型创新的内生增长模型中，他们的研究发现对最终产品生产和购买中间产品进行补贴相比对研发投入进行补贴更能促进经济增长和提高社会福利。导致上述两个研究的结论不同的原因在于，在产品种类增加型创新的内生增长模型中企业的研发创新只具有正的外部性，而在产品质量改进型创新的内生增长模型中企业的研发创新存在商业窃取效应这一负的外部性，而提高研发补贴会恶化商业窃取效应所导致的负的外部性。西格斯托姆（Segerstrom，1998）在半内生的熊彼特增长模型中研究了研发补贴的作用，他发现研发补贴增加了经济体在转移动态路径上的增长率，但是对经济体的长期增长率没有影响。这是因为在半内生增长模型中，经济体的长期增长率由外生的人口增长率决定。朱智豪等（2019）将自动化纳入熊彼特增长模型中，他们的研究发现研发补贴增加了企业的创新和经济体的增长率，但是降低了自动化行业的比例和生产函数中资本的密集度，而对自动化进行补贴则具有相反的效果。

大多数文献在代表性家庭和代表性企业的理论框架下研究了研发补贴对企业创新和经济增长的作用，忽视了研发补贴对异质性家庭和异质性企业的影响。阿西莫格鲁等（Acemoglu et al.，2018）在异质性研发企业模型（Klette and Kortum，2004；Lentz and Mortensen，2008）的基础上引入企业的内生退出和资源的再配置，他们的研究发现研发补贴反而会降低经济的增长率。这是因为研发补贴使更多的低研发效率的企业留在市场中，减少了高研发效率企业的研发投入，降低了经济体的增长率。而对企业征税使低研发效率的企业退出市场，增加了高研发效率企业的研发投入和经济体的增长率。阿克西吉特等

（Akcigit et al.，2019）发现对应用研究的过度补贴导致研发资源错配，如果研发补贴使资源更多地转向基础研究，社会福利将会有巨大的改进。戴维森和西格斯托姆（Davidson and Segerstrom，1998）研究了对创新研发的补贴和对模仿研发的补贴，他们发现对创新研发进行补贴会提高经济体的增长率，但是对模仿研发进行补贴会降低经济体的增长率。董直庆和王辉（2018）在清洁技术部门和非清洁技术部门两部门模型中研究了异质性研发补贴的作用，他们发现研发补贴改变了技术进步方向，单一的对清洁技术的研发补贴在非清洁技术占优的经济体中会导致环境福利的损失。朱智豪和科齐（Chu and Cozzi，2018）则将异质性家庭纳入质量阶梯模型中，他们发现提高研发补贴会提高经济体的增长率，但是对收入差距的影响不确定。这是因为研发补贴一方面通过提高经济体的增长率提高了家庭资产的收益率，另一方面研发补贴降低了家庭所拥有的资产的市场价值，即中间产品垄断企业的市场价值。如果质量改进步长足够小（大），研发补贴将会降低（增加）收入差距。

波音（Boeing，2016）研究了中国研发补贴的分配，他发现以市场为导向的地方政府更少地使用研发补贴。张辉等（2016）发现研发补贴对东部发达地区的民营企业和高端制造企业研发投入的促进作用更强。杨亭亭等（2018）发现研发补贴对国有企业研发投入的促进更强。王一卉（2013）则发现研发补贴导致国有企业创新绩效下降，并且研发补贴对提高缺乏经验的企业的创新绩效的作用更强。王军和张一飞（2016）发现当研发补贴由企业自由支配时，研发补贴能够更加有效地促进企业创新和经济增长。张杰等（2015）发现知识产权保护越弱的地区，研发补贴就越能促进企业的研发投入。金融发展越滞后的地区，贷款贴息类的研发补贴就越能促进企业的研发投入。

上述文献都是在封闭经济中研究研发补贴的作用，另外一些文献在开放经济中研究了研发补贴的作用。因普利蒂（Impullitti，2010）在两国质量阶梯模型中定量地研究了来自日本和欧洲的技术竞争是如何影响美国的最优研发补贴的。他发现国际技术竞争产生的商业窃取效应降低了国内企业的利润，但是提高了经济体的增长率,因此国际技术竞争对社会福利的总体影响是不确定的并且取决于商业窃取效应和增长效应的相对大小。商业窃取效应的增加促使政府提高研发补贴,经济体增长率的提高也增加了研发补贴的激励,因此国际技术竞争增加了最优研发补贴率。林环墙(Lin,2002)发现发达国家(北方国家)的最优研发补贴率不一定随着发展中国家(南方国家)增强知识产权保护而下降,发达国家的最优研发补贴率取决于发展中国家对其中间产品的需求弹性。当需求弹性较小时,发展中国家增强知识产权保护降低了发达国家的最优研发补贴率。当需求弹性较大时,发展中国家增强知识产权保护提高了发达国家的最优研发补贴率。

大多数文献只关注产品种类增加的创新和产品质量改进的创新这两种创新中的一种,只有少数的一些文献在具有两个维度创新的熊彼特增长模型中研究了研发补贴的作用。西格斯托姆(Segerstrom,2000)扩展了豪伊特(Howitt,1999)的模型并且研究了研发补贴的作用。他发现当水平型创新(产品种类增加的创新)相比垂直型创新(产品质量改进的创新)对经济增长的作用更大(小)时,如果研发补贴增加了垂直型创新,经济体的长期增长率将会下降(上升)。朱智豪等(Chu et al.,2016)使用内生市场结构的熊彼特增长模型(Peretto,2007)分析了研发补贴对市场结构和经济增长的影响,他们发现短期内增加研发补贴提高了经济体的增长率,但是在长期增加研发补贴会导致企业数量的下降和经济体的增长率的上升。但是,这些文献都没有研究研发补贴对这两种类型创新的内生出现的影响。

本书在混合增长模型中研究了研发补贴在一个经济体从起飞、转移动态到平衡增长路径上的作用,在这个模型中既有可能出现半内生增长也有可能出现内生增长。本书研究了两种类型的研发补贴,一种类型的研发补贴是对产品种类扩张创新的研发补贴,另外一种类型的研发补贴是对产品质量改进创新的研发补贴。本书研究了这两种类型的研发补贴对产品种类增加的创新和产品质量改进的创新的内生出现的影响。对产品质量改进创新的研发补贴只在模型中出现内生增长的情况下起作用,对产品质量改进创新的研发补贴在模型中出现半内生增长的情况下不起作用。在模型中出现内生增长的情况下,提高对产品质量改进创新的研发补贴率使产品质量改进创新发生的时间点提前,并且提高了经济体处于转移动态过程中的增长率和经济体的长期增长率。对产品种类扩张创新的研发补贴在模型中出现内生增长和半内生增长这两种情况下的作用不同。在模型中出现半内生增长的情况下,提高对产品种类增加创新的研发补贴率使产品种类增加创新发生的时间点提前,并且提高了经济体处于转移动态过程中的增长率,但是对经济体的长期增长率没有影响。在模型中出现内生增长的情况下,提高对产品种类增加创新的研发补贴率使产品种类增加创新发生的时间点提前,并且提高了经济体的短期增长率;但是提高对产品种类增加创新的研发补贴率使产品质量改进创新发生的时间点推迟,并且降低了经济体的长期增长率。提高对产品种类增加创新的研发补贴率使半内生增长的情况在均衡中更有可能发生,提高对产品质量改进创新的研发补贴率使内生增长的情况在均衡中更有可能发生。因此,之前在半内生增长模型或内生增长模型中研究研发补贴作用的文献并未完整地研究研发补贴在一个经济体不同增长阶段的作用。

# 第三章　最低工资与经济增长

本章在内生市场结构的熊彼特增长模型中研究了最低工资的动态作用。[①] 本章的内容安排如下。第一节是引言,简要概述了论文的主要内容和结论,并且讨论了最低工资对失业和经济增长影响的文献。第二节是理论模型,通过在内生市场结构的熊彼特增长模型中引入最低工资,研究了最低工资对低技能劳动力的就业、失业率和经济增长的动态作用。第三节是定量分析,使用美国的数据对模型中的参数进行了校准并对模型进行了仿真,定量地研究了提高最低工资对低技能劳动力的工资和失业率的作用,以及提高最低工资对经济体增长率的作用。第四节是本章总结,对本章前三节的内容进行了总结,并结合现有文献对理论模型和定量分析的结果作了进一步的讨论。

## 第一节　引言

最低工资是指雇主可以合法地支付给雇员的最低报酬,雇主不得以低于最低工资的价格雇用劳动力。到目前为止,绝大多数国家都出台了最低工资法。19 世纪 90 年代,新西兰和澳大利亚最先通过了执行强制性工会会员的现代国家法律,并且规定了工会成员的最低工资。出台最低工资法的最初目的是保护"血汗工厂"中的工人利益,提高低收入家庭的收入。但是,由于最低工资高于由劳动力供给和劳动力需求共同决定的市场均衡工资,最低工资会导致非自愿性失业。也就是说尽管最低工资提高了那些被雇用的低技能劳动力的收入,但

---

① 本章的主要内容已经发表于《经济学快报》(*Economics Letters*),第 188 卷。

是却增加了低技能劳动力的失业。因此对于最低工资对经济的影响,文献中争论较多。

近些年来,美国的一些州通过立法大幅度提高了最低工资。比如,加利福尼亚州和马萨诸塞州在 2023 年将小时最低工资提高到每小时 15 美元,而伊利诺伊州将在 2025 年将小时最低工资提高到每小时 15 美元。[①] 图 3 - 1 给出了以 2018 年不变价美元购买力平价(PPP)换算的 2018 年部分国家的小时最低工资和最低工资与该国中位数工资之比,图中的国家主要是经济合作与发展组织国家。

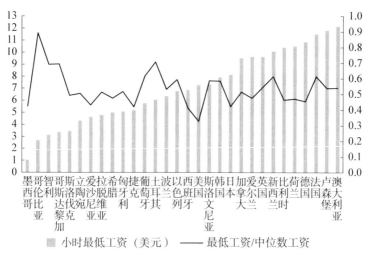

**图 3 - 1　2018 年部分国家小时最低工资和最低工资与中位数工资之比**

注:其中,2018 年日本的小时最低工资数据缺失,图中给出的是 2017 年日本的小时最低工资数据。

数据来源:OECD Open Statistics。

在图 3 - 1 中,一共列出了 2018 年 30 个国家按美元购买力平价计算的小时最低工资。其中,小时最低工资最高的国家是澳大利亚,为每小时 12.1 美元,小时最低工资最低的国家是墨西哥,为每小时 1.1 美元,澳大利亚的小时最低

---

① 2023 年,美国的联邦小时最低工资为每小时 7.25 美元。

工资是墨西哥小时最低工资的 11 倍。小时最低工资高于 10 美元的国家一共有 7 个,从高到低依次为:澳大利亚、卢森堡、法国、德国、荷兰、比利时和新西兰。小时最低工资高于 5 美元但是低于 10 美元的国家一共有 14 个,从高到低依次为:英国、爱尔兰、加拿大、日本、韩国、斯洛文尼亚、美国、西班牙、以色列、波兰、土耳其、葡萄牙、捷克和匈牙利。小时最低工资低于 5 美元的国家一共有 9 个,从高到低依次为:希腊、拉脱维亚、爱沙尼亚、立陶宛、斯洛伐克、哥斯达黎加、智利、哥伦比亚和墨西哥。从中可以看出一个国家的经济越发达,人均收入水平越高,该国的最低工资也就越高。但是最低工资的绝对数并不能较好地度量最低工资的覆盖程度,因为发达国家的平均工资较高,而发展中国家的平均工资较低。

图 3-1 中还列出了这 30 个国家的最低工资与该国中位数工资之比。最低工资与中位数工资之比可以较好地度量最低工资的覆盖程度。如果一个国家的最低工资与该国中位数工资之比较高,则最低工资可以提高该国很大一部分劳动力的收入。如果一个国家的最低工资与该国中位数工资之比较低,则最低工资只能提高该国少数劳动力的收入。图 3-1 中大多数国家的最低工资与中位数工资之比在 0.4 到 0.7 之间。其中,最低工资与中位数工资之比最高的国家是哥伦比亚为 0.89,这说明哥伦比亚的最低工资可以提高该国很大一部分劳动力的收入。但是 2018 年哥伦比亚的最低工资与平均工资之比为 0.58,远低于该国最低工资与中位数工资之比。哥伦比亚的平均工资约是中位数工资的 1.5 倍,这说明该国的工资不平等比较严重。最低工资与中位数工资之比最低的国家是美国为 0.33,这说明美国的最低工资只能提高该国一小部分劳动力的收入。

本章研究了最低工资对低技能劳动力的就业、失业率和经济增长的作用,将最低工资引入内生市场结构的熊彼特增长模型,在该模型中有两种类型的创新和技术进步。一种类型的创新和技术进步是产品种类增加的创新和技术进步,另外一种类型的创新和技术进步是产品质量改进的创新和技术进步。本章的基本结论如下：第一，提高最低工资减少了低技能劳动力的就业，并且提高了低技能劳动力的失业率；第二，提高最低工资降低了经济体的产出水平；第三，提高最低工资降低了经济体在转移动态路径上的增长率，但是对经济体的长期稳态增长率没有影响。[①]

上述结论的经济学直觉如下。对低技能劳动力的工资具有约束作用的最低工资降低了企业对低技能劳动力的需求，并且导致企业对低技能劳动力的雇用水平低于低技能劳动力市场充分就业时的水平，因此最低工资引起了低技能劳动力的失业。低技能劳动力就业水平的下降降低了经济体的产出水平。由低技能劳动力就业水平下降所导致的企业市场规模的缩小减少了企业进行研发创新的激励和企业改进产品质量的研发投入，并且降低了经济体在转移动态路径上产出的增长率。整个经济体市场规模的缩小导致一些企业退出市场，而那些仍然留在市场中的企业的市场规模逐渐恢复到其最初的水平。由于企业的平均市场规模（而不是经济体总体的市场规模）决定了企业的垄断利润，进而决定了企业进行产品质量改进的研发创新的激励，[②]经济体的稳态增长率也将随着企业的市场规模恢复到其最初的水平而逐渐恢复到其最初的水平。因此，提高最低工资在短期内对经济体的增长率具有负面作用，但是提高最低工资不会改变经济体的长期增长率。

本章使用美国的数据对模型进行了参数校准和仿真后发现，最低工资增加 1%，低技能劳动力的失业率至少上升 0.3%，产出的增长率至少下降 0.1%。提高最低工资对低技能劳动力的就业和经济增长的负面效果随着生产函数中低技能劳动力密集度的增加而大幅增加。因此，一个经济体的技术密集度越高，提高最低工资对低技能劳动力的就业和经济增长的负面作用就越小。最

---

① 尽管关于最低工资的实证研究发现了相反的结果，但是本书的结论与萨比亚（Sabia，2014，2015）近期的研究一致。他发现最低工资降低了低技能劳动力的就业水平，并且在那些以低技能劳动力密集型产业为主的州，提高最低工资导致了 GDP 的短期下降。

② 相关实证研究见兰茨和佩雷托（Laincz and Peretto，2006）。

后,本章模拟了提高最低工资对低技能劳动力工资的动态作用,并且发现提高最低工资后那些仍然被雇用的低技能劳动力尽管在一开始获得了更高的工资,但是由于提高最低工资导致了经济增长率的暂时下降,这可能会导致仍然被雇用的低技能劳动力的未来工资更低。

本章与研究创新和经济增长之间的关系的文献相关。罗默(Romer,1990)首先提出了基于研发的增长模型,该模型的创新和技术进步来源于新产品的发明,即水平型创新。阿吉翁和豪伊特(Aghion and Howitt,1992)提出了熊彼特增长模型,该模型的创新和技术进步来源于产品质量的改进,即垂直型创新。随后的研究比如斯马尔德斯和范德克伦德特(Smulders and van de Klundert,1995),佩雷托(Peretto,1998,1999)和豪伊特(Howitt,1999)将水平型创新和垂直型创新这两个维度的创新结合起来,提出了第二代熊彼特增长模型。[①] 本章对文献的贡献在于,在第二代内生市场结构的熊彼特增长模型中研究了最低工资对低技能劳动力的就业和经济增长的动态作用。[②]

本章与研究劳动力市场和经济增长之间的关系的文献相关,托佩尔(Topel,1999)对相关文献进行了综述。本章的研究与在增长模型中研究最低工资的文献最为相关。早前的文献比如卡赫克和米歇尔(Cahuc and Michel,1996),拉文和索伦森(Ravn and Sorensen,1999)及阿斯肯纳兹(Askenazy,2003)研究了最低工资对经济增长的各种作用机制,在这些不同的作用机制下最低工资对经济增长的影响不确定。玉井(Tamai,2009)及芬蒂和戈里(Fanti and Gori,2011)总结了随后的一些文献。在近期的研究中,阿杰诺和林(Agenor and Lim,2018)在基于水平型创新的罗默模型中定量地研究了最低

---

① 支持第二代内生增长模型的相关实证证据见哈和豪伊特(Ha and Howitt,2007)及马德森(Madsen,2010)。

② 其他将失业纳入创新驱动的增长模型的文献:莫腾森和皮萨里德斯(Mortensen and Pissarides,1998)研究了搜寻摩擦的作用,帕雷洛(Parello,2010)研究了效率工资的作用,佩雷托(Peretto,2011b)研究了工资谈判的作用,以及吉蕾等(Ji et al.,2016)和朱智豪等(Chu et al.,2016,2018)研究了工会的作用。

工资的动态作用并且发现,提高最低工资增加了失业并且降低了经济体的增长率。本章对之前的这些研究进行了补充,在两个维度创新的熊彼特增长模型中定性和定量地分析了最低工资对经济增长的动态作用,并且发现内生市场结构使最低工资对经济增长的作用随着时间的变化而改变。

尽管最低工资改变了整个经济体的市场规模,但是它并未改变直接影响企业研发收益和研发成本的因素。也就是说在给定市场规模的情况下,每个企业的研发收益和研发成本不会受到最低工资的影响。因此,每个企业的市场规模独立于最低工资,经济体的长期增长率也不受最低工资的影响。第四章和第五章中研究了另外两种政策工具——专利保护和研发补贴——对经济增长的动态作用。专利保护通过影响企业的研发收益,改变了企业的市场价值以及企业的进入和退出决策,并且进一步改变了市场中的企业数量和每个企业的市场规模以及经济体的增长率。研发补贴通过影响企业的研发成本,改变了企业进行产品种类增加的创新和产品质量改进的创新的研发激励和企业的进入与退出决策,并且进一步改变了市场中的企业数量和每个企业的市场规模以及经济体的增长率。因此,最低工资、专利保护和研发补贴通过影响整个经济体的市场规模、企业的研发收益和企业的研发成本这三个不同的作用机制,影响了经济体的市场结构(即企业的数量和每个企业的市场规模)和产出的增长率。

## 第二节　理论模型

本章的理论模型基于佩雷托(Peretto,2007,2011a)内生市场结构的熊彼特增长模型,在该模型中有两种类型的创新。一种类型的创新是中间产品种类不断扩张的创新,即水平型创新。另外一种类型的创新是中间产品质量不断改进的创新,即垂直型创新。其中产品种类的内生增长产生了稀释效应并消除了规模效应。劳动力和中间产品作为要素投入被最终产品生产企业用于生产最终产品。最终产品被用于消费,并且作为要素投入被中间产品生产企业用于内部研发(in-house R&D),生产中间产品,支付进入成本和运营成本。每一种中间产品由一个垄断企业进行生产,因此中间产品的数量等于企业的数量。本章将最低工资纳入佩雷托模型,并且研究了最低工资对失业和创新的作用。

## 一、模型设定

经济体中代表性家庭的效用函数为:

$$U = \int_0^\infty e^{-\rho t} \ln c_t dt \qquad (3-1)$$

其中,$c_t$ 为 $t$ 时刻代表性家庭对最终产品的消费水平(计价物),$\rho > 0$ 为主观贴现率。代表性家庭最大化其效用函数(3-1),其预算约束条件为:

$$\dot{a}_t = r_t a_t + \omega_t H + \bar{w}_t l_t + b_t (L - l_t) - c_t - \tau_t \qquad (3-2)$$

其中,$a_t$ 为代表性家庭所持有的资产价值,$r_t$ 为实际利率。代表性家庭拥有 $H + L$ 个成员,经济体中人口的增长率为 0,因此人口规模保持不变。[①] 代表性家庭中的每个 $H$ 成员提供一单位的高技能劳动力,并且获得 $\omega_t$ 单位的实际工资。高技能劳动力的实际工资由高技能劳动力的市场均衡决定,即由高技能劳动力的供给和高技能劳动力的需求共同决定。假设高技能劳动力的实际工资高于最低工资。家庭中的每个 $L$ 成员提供一单位的低技能劳动力。被雇用的低技能劳动 $l_t$ 获得的实际工资为 $\bar{w}_t$,由政府设定的最低工资决定,即最低工资为 $\bar{w}_t$。假设最低工资 $\bar{w}_t$ 高于低技能劳动力市场的均衡工资 $w_t^*$,没有最低工资约束时 $w_t^*$ 由低技能劳动力的供给和低技能劳动力的需求共同决定。每一个未被雇用的低技能劳动力 $L - l_t$ 获得 $b_t < \bar{w}_t$ 单位的失业补贴。代表性家庭缴纳 $\tau_t$ 单位的总量税给政府。由家庭的动态最优化可得如下欧拉方程:

$$\frac{\dot{c}_t}{c_t} = r_t - \rho \qquad (3-3)$$

---

① 本章的结论在存在人口增长的情况下仍然是稳健的。

　　该欧拉方程的经济学含义是,代表性家庭对最终产品消费的增长率等于实际利率减去代表性家庭的主观贴现率。实际利率越高,代表性家庭消费的增长率就越高。代表性家庭的主观贴现率越高,代表性家庭消费的增长率就越低。实际利率越高,代表性家庭放弃一部分当期消费进行储蓄以获得更多的未来消费的动机也就越强。这是因为实际利率越高,代表性家庭进行储蓄的收益率就越高,未来可以获得的收入也就越多。代表性家庭的主观贴现率越高,代表性家庭增加当期消费而减少储蓄以获得更多的当期效用的动机也就越强。这是因为代表性家庭的主观贴现率越高,代表性家庭未来消费的效用的贴现值就越低,当期消费就越重要。

　　最终产品 $Y_t$ 由完全竞争市场中的企业进行生产,最终产品的生产函数为:

$$Y_t = \int_0^{N_t} X_t^\theta(i) \left[ Z_t^\alpha(i) Z_t^{1-\alpha} l_t^\gamma h_t^{1-\gamma} / N_t \right]^{1-\theta} di \tag{3-4}$$

其中 $\{\theta, \alpha, \gamma\} \in (0, 1)$。$X_t(i)$ 为非耐用中间产品 $i$ 的数量,$i \in [0, N_t]$。$N_t$ 为 $t$ 时刻市场中存在的已经被研发出来的中间产品的种类数。中间产品 $X_t(i)$ 的生产率取决于该中间产品的质量 $Z_t(i)$ 和所有中间产品的平均质量 $Z_t \equiv \int_0^{N_t} Z_t(j) dj / N_t$,其中 $Z_t$ 体现了各种中间产品之间的技术溢出。中间产品质量的私人收益率由参数 $\alpha$ 决定,技术溢出的程度由参数 $1-\alpha$ 决定。$\alpha$ 越大,中间产品垄断企业提高自己生产的产品质量的研发收益率就越高。参数 $\gamma$ 决定了最终产品的生产函数中低技能劳动力的密集度,参数 $1-\gamma$ 决定了最终产品的生产函数中高技能劳动力的密集度。也就是说 $\gamma$ 越大,低技能劳动力在最终产品的生产中的重要性就越大,$1-\gamma$ 越大,高技能劳动力在最终产品的生产中的重要性就越大。参数 $\theta$ 决定了各种中间产品之间的替代弹性。$\theta$ 越大,各种中间产品之间的替代弹性就越大,每个中间产品垄断企业可以索要的垄断价格就越低,每个中间产品垄断企业的利润也就越低。本章跟随罗默(Romer,1990)假设最终产品的生产使用高技能劳动力 $h_t$ 和低技能劳动力 $l_t$,低技能劳动力和高技能劳动力之间的替代弹性为 $1$。$l_t^\gamma h_t^{1-\gamma}/N_t$ 体现了产品种类增加所带来的拥挤作用(congestion effect),并且在模型中消除了规模效应。[①] 该生产函数对中间产品和劳动力来说是规模报酬不变的。也就是说,如果所有中间产品的投入量和劳动力的投入量同时扩大一倍,那么最终产品的产量也将扩大一倍。

由最终产品企业的利润最大化可得如下对低技能劳动力、高技能劳动力和中间产品 $\{l_t, h_t, X_t(i)\}$ 的条件需求函数分别为:

$$l_t = \gamma(1-\theta)Y_t/\bar{w}_t \qquad (3-5)$$

$$h_t = (1-\gamma)(1-\theta)Y_t/\omega_t \qquad (3-6)$$

$$X_t(i) = \left[\frac{\theta}{p_t(i)}\right]^{1/(1-\theta)} Z_t^a(i)Z_t^{1-a}l_t^\gamma h_t^{1-\gamma}/N_t \qquad (3-7)$$

其中,$p_t(i)$ 为中间产品 $X_t(i)$ 的价格。本章将最终产品的价格标准化为 $1$。随着低技能劳动力的实际工资(最低工资)$\bar{w}_t$ 的上升,最终产品生产企业对低技能劳动力 $l_t$ 的需求量下降。随着高技能劳动力的实际工资 $\omega_t$ 的上升,最终产品生产企业对高技能劳动力 $h_t$ 的需求量下降。随着中间产品价格 $p_t(i)$ 的上升,最终产品生产企业对中间产品 $X_t(i)$ 的需求量下降。随着中间产品质量的提高,最终产品生产企业对中间产品的需求量上升。给定中间产品的种类数,随着低技能劳动力投入量的增加,最终产品生产企业对中间产品的需求量上升。给定中间产品的种类数,随着高技能劳动力投入量的增加,最终产品生产企业对中间产品的需求量上升。给定低技能劳动力的投入量和高技能劳动力的投入量,随着中间产品种类数的增加,最终产品生产企业对每一种中间产品的需求量下降。最终产品市场是完全竞争的,因此中间产品的收入份额为 $\theta Y_t = \int_0^{N_t} p_t(i)X_t(i)di$。高技能劳动力的市场出清条件为 $h_t = H$,即所有的高技能劳动力都被雇用。低技能劳动力市场的最低工资导致了低技能劳动力的失业,即 $l_t < L$。

---

① 本章的结果在拥挤效应为 $l_t^\gamma h_t^{1-\gamma}/N_t^{1-\xi}$ 时仍然是稳健的,其中 $\xi \in (0, 1)$。

中间产品市场是垄断竞争的,每一种差异化的中间产品由一个垄断企业进行生产。中间产品的生产技术是线性的,中间产品垄断企业用 $X_t(i)$ 单位的最终产品生产 $X_t(i)$ 单位的中间产品,$i \in [0, N_t]$。因此,行业 $i$ 中的垄断企业生产质量为 $Z_t(i)$ 的中间产品 $X_t(i)$ 的边际成本为 1。每个中间产品生产企业需要支付 $\phi Z_t^a(i) Z_t^{1-a}$ 单位的最终产品作为固定运营成本(operating cost),企业的固定运营成本随着技术水平的提高而增加。另外,中间产品生产企业 $i$ 投入 $R_t(i)$ 单位的最终产品进行企业内部研发并改进其产品的质量 $Z_t(i)$,其研发函数为:

$$\dot{Z}_t(i) = R_t(i) \tag{3-8}$$

在行业 $i$ 中,中间产品生产企业在时刻 $t$(研发前)的利润函数为:

$$\Pi_t(i) = [p_t(i) - 1] X_t(i) - \phi Z_t^a(i) Z_t^{1-a} \tag{3-9}$$

行业 $i$ 中的中间产品垄断企业的市场价值为:

$$V_t(i) = \int_t^{\infty} \exp\left(-\int_t^s r_u du\right) [\Pi_s(i) - R_s(i)] ds \tag{3-10}$$

中间产品垄断企业根据中间产品需求函数(3-7)、研发函数(3-8)及其利润函数(3-9)最大化其市场价值(3-10)。现值汉密尔顿函数为:

$$H_t(i) = \Pi_t(i) - R_t(i) + \eta_t(i) \dot{Z}_t(i) \tag{3-11}$$

其中,$\eta_t(i)$ 为式(3-8)的共态变量(costate variable)。在附录中给出了上述动态最优问题的解,并且得出企业利润最大化的价格为 $p_t(i) = 1/\theta > 1$。

根据文献中通常的做法,本章考虑对称均衡(symmetric equilibrium),即所有行业 $i \in [0, N_t]$ 中的中间产品的质量相同 $Z_t(i) = Z_t$,因此所有行业中的中间产品垄断企业的市场规模也相同 $X_t(i) = X_t$。① 由式(3-7)和 $p_t(i) =$

———————————

① 对称均衡同时也意味着 $\Pi_t(i) = \Pi_t$、$R_t(i) = R_t$ 和 $V_t(i) = V_t$。

$1/\theta$，并且根据对称均衡可得质量调整的企业规模为：

$$\frac{X_t}{Z_t} = \theta^{2/(1-\theta)} \frac{H^{1-\gamma}}{N_t} l_t^\gamma \tag{3-12}$$

本章定义如下转换变量：

$$x_t \equiv \theta^{2/(1-\theta)} \frac{H^{1-\gamma}}{N_t} \tag{3-13}$$

$x_t$ 是由质量调整的企业规模所决定的一个状态变量。引理 3.1 给出了中间产品质量改进的研发回报率 $r_t^q$，它随着质量调整的企业规模 $x_t$ 和低技能劳动力的就业水平 $l_t$ 的增加而增加。

**引理 3.1** 企业改进中间产品质量的研发的回报率为：

$$r_t^q = \alpha \frac{\Pi_t}{Z_t} = \alpha \left( \frac{1-\theta}{\theta} x_t l_t^\gamma - \phi \right) \tag{3-14}$$

**证明：**见附录。

由引理 3.1 可知，参数 $\alpha$ 越大，中间产品垄断企业提高自己的产品质量的研发收益率 $r_t^q$ 就越高。给定其他条件不变，质量调整的企业规模 $x_t l_t^\gamma$ 越大，中间产品垄断企业提高自己的产品质量的研发收益率 $r_t^q$ 就越高。给定质量调整的企业规模 $x_t l_t^\gamma$，参数 $\phi$ 越大，中间产品垄断企业提高自己的产品质量的研发收益率 $r_t^q$ 就越低。最低工资 $\bar{w}_t$ 通过影响低技能劳动力的规模 $l_t$ 进而影响到企业的市场规模 $x_t l_t^\gamma$。参数 $\phi$ 通过影响状态变量 $x_t$ 进而影响到企业的市场规模 $x_t l_t^\gamma$。

根据文献中标准的处理方法，本章假设企业进入市场时的技术水平为市场的平均技术水平 $Z_t$，这保证了在任一时点 $t$ 经济体处于对称均衡状态。一个企业支付 $\beta X_t$ 单位的最终产品研发出一种新的中间产品并进入市场，$\beta > 0$ 是进入成本参数，$X_t$ 代表了企业的进入成本与其初始的生产规模正相关。中间产品的资产定价方程意味着中间产品的资产回报率为：

$$r_t = \frac{\Pi_t - R_t}{V_t} + \frac{\dot{V}_t}{V_t} \qquad (3-15)$$

企业的自由进入条件为:

$$V_t = \beta X_t \qquad (3-16)$$

将式(3-8)、(3-9)、(3-13)、(3-16)和 $p_t(i) = 1/\theta$ 代入式(3-14)可得企业研发新的中间产品并且进入市场的市场回报率为:①

$$r_t^e = \frac{1}{\beta}\left(\frac{1-\theta}{\theta} - \frac{\phi + z_t}{x_t l_t^\gamma}\right) + \gamma \frac{\dot{l}_t}{l_t} + \frac{\dot{x}_t}{x_t} + z_t \qquad (3-17)$$

其中, $z_t \equiv \dot{Z}_t/Z_t$ 是中间产品质量的增长率。给定其他条件不变,质量调整的企业规模 $x_t l_t^\gamma$ 越大,企业研发新产品的研发收益率 $r_t^e$ 就越高。

政府设定的最低工资为 $\bar{w}_t$,假设最低工资对低技能劳动力市场的约束是紧的,也就是说政府设定的最低工资 $\bar{w}_t$ 高于由低技能劳动力市场的劳动力供给和劳动力需求共同决定的市场均衡工资 $w_t^*$ 。本章跟随之前的研究假设最低工资 $\bar{w}_t$ 随着低技能劳动力市场均衡工资 $w_t^*$ (没有最低工资约束时低技能劳动力市场的均衡工资)的增加而同比例增加,即:

$$\bar{w}_t = (1+\mu)w_t^* \qquad (3-18)$$

其中 $\mu > 0$ 是最低工资政策工具参数。政府对家庭征收总额税 $\tau_t$ 以平衡其财政预算: $\tau_t = b_t(L - l_t)$ 。

## 二、一般均衡

经济的一般均衡由变量 $\{a_t, c_t, Y_t, l_t, h_t, X_t(i), R_t(i)\}$ 的时间路径和价格 $\{r_t, \omega_t, \bar{w}_t, p_t(i), V_t(i)\}$ 的时间路径决定,以使下述条件成立:

(1)给定实际利率、高技能劳动力的实际工资和低技能劳动力的实际工资

---

① 本章将企业的进入和退出对称处理,即企业退出市场的废弃价值(scrap value)也是 $\beta X_t$ ;因此,进入条件 $V_t = \beta X_t$ 总是成立的,这意味着对于任一时间点 $t$ , $r_t^e = r_t$ 。

$\{r_t, \omega_t, \bar{w}_t\}$，家庭最大化其效用；

（2）给定中间产品的价格、高技能劳动力的实际工资和低技能劳动力的实际工资 $\{p_t(i), \omega_t, \bar{w}_t\}$，竞争性企业生产最终产品 $Y_t$ 并最大化其利润；

（3）给定实际利润 $r_t$，中间产品在位垄断企业生产中间产品 $X_t(i)$，并且选择中间产品的垄断价格和改进中间产品质量的研发投入 $\{p_t(i), R_t(i)\}$ 最大化其市场价值 $V_t(i)$；

（4）给定中间产品垄断企业的市场价值 $V_t$，进入企业决定是否研发新产品并进入市场；

（5）政府平衡其财政预算；

（6）全部的在位中间产品垄断企业的市场价值总额等于家庭的资产总额 $N_t V_t = a_t$；

（7）最终产品市场的市场出清条件为 $Y_t = c_t + N_t(X_t + \phi Z_t + R_t) + \dot{N}_t \beta X_t$；

（8）高技能劳动力市场的市场出清条件为 $h_t = H$；

（9）最终产品生产企业对低技能劳动力的市场需求小于家庭对低技能劳动力的供给 $l_t < L$。

最终产品市场的资源约束条件为：

$$Y_t = c_t + N_t(X_t + \phi Z_t + R_t) + \dot{N}_t \beta X_t \qquad (3-19)$$

最终产品被用于代表性家庭的消费 $c_t$，被中间产品生产企业用于生产中间产品 $N_t X_t$ 和改进中间产品质量的内部研发 $N_t R_t$，以及支付运营成本 $N_t \phi Z_t$ 和进入成本 $\dot{N}_t \beta X_t$。将式（3-7）和 $p_t(i) = 1/\theta$ 代入式（3-4），并且根据对称性可得经济体的总产出水平为：

$$Y_t = \theta^{2\theta/(1-\theta)} Z_t l_t^\gamma H^{1-\gamma} \qquad (3-20)$$

总产出随着中间产品质量的增加而增加，随着低技能劳动力投入量的增加而增加，随着高技能劳动力投入量的增加而增加。但是，总产出与中间产品种类的多少无关，这是因为在该模型中假设产品种类的社会收益为 0。将式

（3－5）和式（3－20）代入式（3－18）可得：

$$\gamma(1-\theta)\theta^{2\theta/(1-\theta)}Z_t\left(\frac{H}{l_t}\right)^{1-\gamma} = (1+\mu)\gamma(1-\theta)\theta^{2\theta/(1-\theta)}Z_t\left(\frac{H}{L}\right)^{1-\gamma}$$

$$(3-21)$$

因此，

$$l_t = \frac{L}{(1+\mu)^{1/(1-\gamma)}} < L \qquad (3-22)$$

由式（3－22）可知，低技能劳动力的雇用数量是稳定的，即对于任一时间点 $t$，低技能劳动力的就业水平为 $l_t = l$。最低工资政策工具参数 $\mu$ 越大，最低工资 $\bar{w}_t$ 相对于由低技能劳动力市场均衡决定的无约束的实际工资 $w_t^*$ 就越高，低技能劳动力的就业水平为 $l_t$ 就越低。因此，总产出随着最低工资的增加而下降，而总产出的增长率由产品质量的增长率决定，即 $\dot{Y}_t/Y_t = z_t$。①

### 三、经济动态

本节研究了产出的水平和产出的增长率的整个动态路径，本节首先推导出经济体的消费产出比。

**引理 3.2** 经济体的消费产出比始终等于其唯一的稳态值：

$$\frac{c_t}{Y_t} = \rho\beta\theta^2 + 1 - \theta \qquad (3-23)$$

**证明**：见附录。

由引理 3.2 可知，消费和产出的增长率相同：

$$g_t \equiv \frac{\dot{Y}_t}{Y_t} = \frac{\dot{c}_t}{c_t} = r_t - \rho \qquad (3-24)$$

---

① 将式（3－4）中的拥挤效应设为 $l_t^\gamma h_t^{1-\gamma}/N_t^{1-\xi}$ 时，可得 $Y_t = \theta^{2\theta/(1-\theta)}Z_t N_t^\xi l^\gamma H^{1-\gamma}$。在这种情况下产出的增长率为 $\dot{Y}_t/Y_t = z_t + \xi\dot{N}_t/N_t$。由式（3－24）可知，产出的增长率仍然由式（3－14）中企业改进产品质量的研发回报率 $r_t^q$ 决定。

可由式(3-3)中的欧拉方程得出最后一个等式。将式(3-14)和式(3-22)代入式(3-24)可得：

$$g_t = z_t = \alpha \left[ \frac{1-\theta}{\theta} \frac{L^\gamma x_t}{(1+\mu)^{\gamma/(1-\gamma)}} - \phi \right] - \rho \qquad (3-25)$$

当且仅当如下不等式成立时，式(3-25)中产出的增长率大于0，即：

$$x_t > \bar{x} \equiv \frac{\theta}{1-\theta} \left( \frac{\rho}{\alpha} + \phi \right) \frac{(1+\mu)^{\gamma/(1-\gamma)}}{L^\gamma} \qquad (3-26)$$

从直觉上来说，企业的市场规模需要足够大以使企业改进产品质量的研发创新变得有利可图。在本章接下来的分析中始终假设 $x_t > \bar{x}$，这意味着对于任一时间点 $t$，产品质量的增长率 $z_t > 0$ 并且 $r_t^q = r_t$ 始终成立。引理3.3给出了由中间产品垄断企业的市场规模决定的状态变量 $x_t$ 的动态路径，反过来 $x_t$ 也决定了市场中中间产品垄断企业的均衡数量，即 $N_t = \theta^{2/(1-\theta)} H^{1-\gamma}/x_t$，$N_t$ 随着 $x_t$ 的增加而减小。

**引理3.3** 由质量调整的企业规模决定的状态变量 $x_t$ 由如下一阶常微分方程决定：

$$\dot{x}_t = \frac{(1-\alpha)\phi - \rho}{\beta L^\gamma}(1+\mu)^{\gamma/(1-\gamma)} - \left[ \frac{(1-\alpha)(1-\theta)}{\beta\theta} - \rho \right] x_t \qquad (3-27)$$

**证明：**见附录。

**命题3.1** 在 $\rho < \min\{(1-\alpha)\phi, (1-\alpha)(1-\theta)/(\theta\beta)\}$ 的参数约束条件下，由质量调整的企业规模决定的状态变量 $x_t$ 的动态是全局稳定的，并且 $x_t$ 逐渐收敛于一个唯一的稳态值。稳态值 $\{x^*, g^*\}$ 分别为：

$$x^*(\underset{+}{\mu}) = \frac{(1-\alpha)\phi - \rho}{(1-\alpha)(1-\theta)/\theta - \beta\rho} \frac{(1+\mu)^{\gamma/(1-\gamma)}}{L^\gamma} > \bar{x} \qquad (3-28)$$

$$g^* = \alpha \left[ \frac{1-\theta}{\theta} \frac{(1-\alpha)\phi - \rho}{(1-\alpha)(1-\theta)/\theta - \beta\rho} - \phi \right] - \rho > 0 \qquad (3-29)$$

证明：见附录。

由命题 3.1 可知,给定由中间产品垄断企业的市场规模决定的状态变量 $x_t$ 的初始值 $x_0$, $x_t$ 逐渐收敛于其稳态值 $x^*$。由式(3-25)可知,当 $x_t$ 收敛到其稳态值 $x^*$ 时,经济体的均衡增长率 $g_t$ 收敛到其稳态值 $g^*$。尽管状态变量 $x_t$ 的稳态值 $x^*$ 随着最低工资政策参数 $\mu$ 的上升而上升,但是质量调整的企业规模的稳态值 $x^*l$ 独立于最低工资政策参数 $\mu$。此外,企业进入成本参数 $\beta$ 越大, $x_t$ 的稳态值 $x^*$ 就越大。企业的固定运营成本参数 $\phi$ 越大, $x_t$ 的稳态值 $x^*$ 就越大。这是因为进入成本越高,市场中的产品种类数就越少,每个企业的市场规模就越大。企业的固定运营成本越高,企业运营所需的最小市场规模就越大,市场中的企业数量就越少,每个企业的市场规模就越大。

由式(3-22)可知,最低工资政策参数 $\mu$ 越大,最低工资 $\bar{w}_t$ 就越高,低技能劳动力的就业水平 $l_t$ 就越低,低技能劳动力的失业率 $u_t$ 就越高,对于任一时间点 $t$:

$$u_t \equiv \frac{L-l_t}{H+L} = \frac{L}{H+L}\left[1 - \frac{1}{(1+\mu)^{1/(1-\gamma)}}\right] \qquad (3-30)$$

将式(3-22)代入式(3-20)可得产出 $Y_t$ 的均衡水平。对于一个给定的技术水平 $Z_t$, 产出 $Y_t$ 随着最低工资政策参数 $\mu$ 的上升而下降,换言之,提高最低工资通过减少低技能劳动力的就业导致了产出水平的下降。

由式(3-25)可知,对于任一给定的由中间产品垄断企业的市场规模决定的状态变量 $x_t$, 经济体的均衡增长率 $g_t$ 也随着最低工资政策参数 $\mu$ 的上升而下降。从直觉上来说,提高最低工资降低了低技能劳动力的就业水平 $l_t$ 和中间产品垄断企业的市场规模 $x_tl_t$, 这反过来降低了式(3-14)中企业改进产品质量的研发回报率和式(3-25)中经济体的均衡增长率。但是低技能劳动力就业水平的下降减小了经济体总体的市场规模,并且导致一部分企业退出市场,这反过来使每个企业的市场规模 $x_t$ 逐渐上升。由式(3-27)可知,当最低工资政

策参数 $\mu$ 保持不变时，$x_t$ 保持不变，即 $\dot{x}_t = 0$。当最低工资政策参数 $\mu$ 上升时，低技能劳动力的就业水平 $l_t$ 下降，质量调整的企业规模 $x_t l_t^z$ 缩小，$x_t$ 开始增加，即 $\dot{x}_t > 0$。随着 $x_t$ 的不断上升，质量调整的企业规模 $x_t l_t^z$ 逐渐上升。式 (3-28) 中状态变量 $x_t$ 的稳态值 $x^*$ 随着最低工资的上升而上升，当 $x_t$ 达到其新的稳态值时，中间产品垄断企业的市场规模 $x_t l_t^z$ 恢复到其最初的水平，经济体的增长率也回到了其最初的水平，因为式 (3-29) 中产出增长率的稳态值 $g^*$ 独立于最低工资政策参数 $\mu$。因此，提高最低工资在短期内降低了经济体的增长率，但是最低工资不会改变经济体的长期增长率。

图 3-2 给出了在时间点 $t$ 当政府提高最低工资政策参数 $\mu$ 时，产出增长率 $g_t$ 的动态路径。在时刻 $t$ 最低工资政策参数 $\mu$ 上升，最低工资 $\overline{w}_t$ 上升，质量调整的企业规模 $x_t l_t^z$ 缩小，产出增长率 $g_t$ 下降到一个较低的水平。随着 $x_t$ 不断增加，质量调整的企业规模 $x_t l_t^z$ 不断上升，产出增长率 $g_t$ 也随之不断上升。最后，随着 $x_t$ 收敛到其新的稳态值，质量调整的企业规模 $x_t l_t^z$ 恢复到其最初的水平，产出增长率 $g_t$ 也恢复到其最初的稳态值 $g^*$。命题 3.2 总结了这些结果。

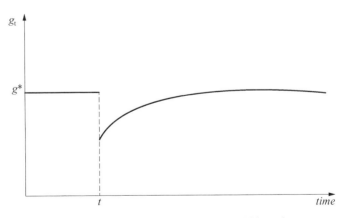

**图 3-2 产出增长率 $g_t$ 的动态路径：最低工资**

**命题 3.2** 最低工资的作用如下：(1) 提高最低工资永久性地减少了低技能劳动力的就业；(2) 提高最低工资永久性地提高了低技能劳动力的失业率；(3) 给定任一技术水平 $Z_t$，提高最低工资降低了产出水平；(4) 提高最低工资降低了经济体在转移动态路径上的增长率，但是对经济体的长期稳态增长率没有影响。

**证明：**已在上文中证明。

# 第三节　定量分析

本节定量地研究了提高最低工资政策参数 $\mu$ 的动态作用。本节使用美国的数据对参数进行了校准，模型中的参数包括：$\{\rho, \alpha, \gamma, \theta, \beta, \phi, \mu, L/H\}$。本章将主观贴现率 $\rho$ 设为 0.04，这是文献上通常设定的主观贴现率。本章根据亚科佩塔等（Iacopetta et al.，2019）将技术溢出的程度 $1-\alpha$ 设为 0.833，即企业改进产品质量研发的私人收益率 $\alpha$ 为 0.167。根据希思科特等（Heathcote et al.，2010）的估计，本章将最终产品生产函数中低技能劳动力的密集度 $\gamma \in [0.25, 0.75]$ 作为低技能劳动力密集度的可信范围。接着，本章通过匹配如下美国宏观经济数据对参数 $\{\theta, \beta, \phi, \mu, L/H\}$ 进行了校准。第一，根据美国劳工统计局（BLS）的数据，劳动力的收入份额为 60%；第二，根据世界银行的数据，私人消费占 GDP 的比重为 64%；第三，根据世界银行的数据，实际人均 GDP 的增长率 $g_t$ 为每年 2%；第四，根据世界银行的数据，美国的平均失业率 $u_t$ 为 6%；第五，技术溢价 $\omega_t / \overline{\omega}_t$ 为 1.40。通过校准得到的参数值如下。

根据表 3-1 中的参数校准结果，中间产品的收入份额 $\theta$ 为 0.400，企业进入成本参数 $\beta$ 为 6.250，企业的固定运营成本参数 $\phi$ 为 1.676。当最终产品生产函数中低技能劳动力的密集度 $\gamma = 0.250$ 时，代表性家庭中低技能劳动力成员与高技能劳动力成员的比值 $L/H = 0.560$，最低工资政策参数 $\mu = 0.147$，即

最低工资 $\bar{w}_t$ 比低技能劳动力的市场均衡工资 $w^*$ 高出 14.7%。当最终产品生产函数中低技能劳动力的密集度 $\gamma = 0.500$ 时,代表性家庭中低技能劳动力成员与高技能劳动力成员的比值 $L/H = 1.553$,最低工资政策参数 $\mu = 0.053$,即最低工资 $\bar{w}_t$ 比低技能劳动力的市场均衡工资 $w^*$ 高出 5.3%。当最终产品生产函数中低技能劳动力的密集度 $\gamma = 0.750$ 时,代表性家庭中低技能劳动力成员与高技能劳动力成员的比值 $L/H = 4.532$,最低工资政策参数 $\mu = 0.019$,即最低工资 $\bar{w}_t$ 比低技能劳动力的市场均衡工资 $w^*$ 高出 1.9%。

表 3 - 1　参数校准:最低工资

| $\gamma$ | $\rho$ | $\alpha$ | $\theta$ | $\beta$ | $\phi$ | $L/H$ | $\mu$ | $\Delta u_t$ |
|----------|--------|----------|----------|---------|--------|-------|-------|--------------|
| 0.250 | 0.040 | 0.167 | 0.400 | 6.250 | 1.676 | 0.560 | 0.147 | 0.34% |
| 0.500 | 0.040 | 0.167 | 0.400 | 6.250 | 1.676 | 1.553 | 0.053 | 1.03% |
| 0.750 | 0.040 | 0.167 | 0.400 | 6.250 | 1.676 | 4.532 | 0.019 | 2.91% |

根据上述参数校准的结果,本节模拟了提高最低工资政策参数 $\mu$ 对失业率 $u_t$、对状态变量 $x_t$ 以及对产出增长率 $g_t$ 的影响。图 3 - 3 给出了由质量调整的企业规模决定的状态变量 $x_t$ 的模拟路径。图 3 - 4 给出了产出增长率 $g_t$ 的模拟路径。由表 3 - 1、图 3 - 3 和图 3 - 4 可知,当最终产品生产函数中低技能劳动力的密集度 $\gamma = 0.250$ 时,最低工资政策参数 $\mu$ 提高 0.01(即最低工资提高 1%),失业率 $u_t$ 永久性地提高了 0.34%(即失业率从 6% 提高到 6.34%),同时产出增长率 $g_t$ 降低了 0.10%(即产出增长率从 2% 降低到 1.90%)。当最终产品生产函数中低技能劳动力的密集度 $\gamma = 0.500$ 时,最低工资政策参数 $\mu$ 提高 0.01(即最低工资提高 1%),失业率 $u_t$ 永久性地提高了 1.03%(即失业率从 6% 提高到 7.03%),同时产出增长率 $g_t$ 降低了 0.32%(即产出增长率从 2% 降低到 1.68%)。当最终产品生产函数中低技能劳动力的密集度 $\gamma = 0.750$ 时,最低工资政策参数 $\mu$ 提高 0.01(即最低工资提高 1%),失业率 $u_t$ 永久性地提高了 2.91%(即失业率从 6% 提高到 8.91%),同时产出增长率 $g_t$ 降低了 0.98%(即产出增长率从 2% 降低到 1.02%)。

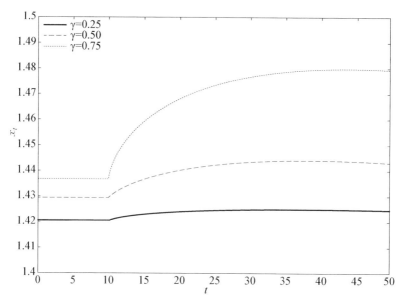

图 3-3　企业市场规模$x_t$的模拟路径：最低工资

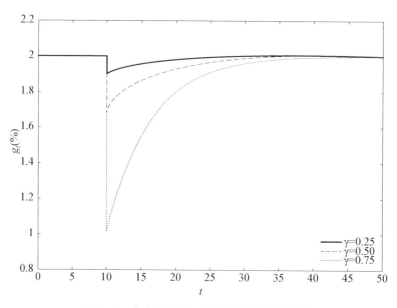

图 3-4　产出增长率$g_t$的模拟路径：最低工资

由图 3-3 和图 3-4 可知,在政府提高最低工资后,随着 $x_t$ 的逐渐上升,产出的增长率 $g_t$ 也不断上升。最后,随着 $x_t$ 收敛到一个更高的稳态值,产出增长率 $g_t$ 也恢复到了其稳态值 2%。提高最低工资对低技能劳动力的失业率和产出增长率的影响的大小随着生产函数中低技能劳动力的密集度 $\gamma$ 的增加而大幅增加。因此,一个经济体的技术密集度越高(即更小的 $\gamma$),提高最低工资对其产生的负面效果就越小。

最后,本节研究了最低工资政策参数 $\mu$ 的提高对最低工资 $\bar{w}_t$ 的动态作用。将式(3-5)中等式两边取对数可得低技能劳动力工资(最低工资)的对数值为:

$$\ln \bar{w}_t = \ln[\gamma(1-\theta)] + \ln(Y_t/l_t) \tag{3-31}$$

其中等式右边的第一项是一个常数,它不随最低工资政策参数 $\mu$ 的变化而变化。等式右边的第二项是每单位低技能劳动力的平均产出的对数值。由式(3-20)和式(3-22)可得式(3-31)中的 $\ln(Y_t/l_t)$ 为:

$$\begin{aligned}
\ln(Y_t/l_t) &= \ln(Y_0/l_0) + \int_0^t g_s ds \\
&= \ln[\theta^{2\theta/(1-\theta)} Z_0 (H/L)^{1-\gamma}] + \underbrace{\ln(1+\mu)}_{\uparrow \text{ in } \mu} + \underbrace{\int_0^t g_s ds}_{\downarrow \text{ in } \mu}
\end{aligned} \tag{3-32}$$

式(3-32)中第一个等式右边的第一项是每单位低技能劳动力平均产出初始值的对数值,它是一个常数,不随最低工资政策参数 $\mu$ 的变化而变化。第一个等式右边的第二项是从时刻 0(即最低工资政策参数 $\mu$ 提高的时间点)到时刻 $t$ 产出增长率(产品质量的增长率)的积分值。第二个等式右边的第一项是一个常数,不随最低工资政策参数 $\mu$ 的变化而变化。第二个等式右边的第二项是由最低工资政策参数 $\mu$ 的提高所引起的最低工资的上升,进而对低技能劳动力工资产生的正的水平效应。第二个等式右边的第三项是从时刻 0(即最低工资政策参数 $\mu$ 提高的时间点)到时刻 $t$ 产出增长率(产品质量的增长率)的积分值,它是由最低工资政策参数 $\mu$ 的提高所引起的产出增长率的下降,进而对低技能劳动力工资产生负的增长效应。

图 3 - 5 给出了当最低工资政策参数 $\mu$ 提高 1%，低技能劳动力工资（最低工资）对数值的变化 $\Delta\ln\bar{w}_t$ 的模拟路径：

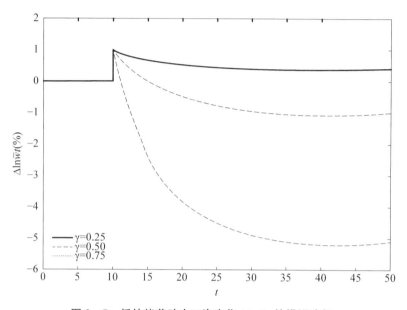

图 3 - 5　低技能劳动力工资变化 $\Delta\ln\bar{w}_t$ 的模拟路径

$$\Delta\ln\bar{w}_t \approx \underbrace{\Delta\mu}_{+\ \text{level effect}} + \underbrace{\int_0^t \Delta g_s ds}_{-\ \text{growth effect}} \qquad (3-33)$$

低技能劳动力工资的变化 $\Delta\ln\bar{w}_t$ 可以分为两个部分：一个是正的水平效应 $\Delta\mu$，一个是负的增长效应 $\int_0^t \Delta g_s ds$。一方面，政府提高最低工资使那些仍然被雇用的低技能劳动力的工资立即提高 $\Delta\mu$。另一方面，政府提高最低工资，产出的增长率 $g_t$ 经历了短期的下降 $\Delta g_t$，同时低技能劳动力的工资 $\bar{w}_t$ 的增长率也随之经历了短期的下降（相对于最低工资不变的情况）。[①] 因此，政府提高最低工资

---

① 即使最低工资的提高会在短期内降低产出的增长率，但是只要式(3 - 26)中的条件成立，产出的增长率仍然为正。因此，低技能劳动力工资 $\bar{w}_t$ 的增长率也始终为正。

后,那些仍然被雇用的低技能劳动力尽管在一开始获得了更高的工资,但是可能由于经济体增长率的暂时下降在未来获得更低的工资。

## 第四节　本章总结

本章在第二代熊彼特增长模型中分析了最低工资的作用。本章的研究发现:第一,提高最低工资降低了低技能劳动力的就业,并且提高了低技能劳动力的失业率;第二,提高最低工资降低了经济体的产出水平;第三,提高最低工资降低了经济体在转移动态路径上的增长率,但是对经济体的长期稳态增长率没有影响。通过定量分析,本章发现最低工资对低技能劳动力的就业和经济增长的负面效果的大小随着生产函数中低技能劳动力密集度的增加而大幅增加。提高最低工资后那些仍然被雇用的低技能劳动力尽管在一开始获得了更高的工资,但是由于提高最低工资导致了经济体的增长率在短期内下降,这可能会降低那些仍然被雇用的低技能劳动力的未来工资。本章发现最低工资降低了低技能劳动力的就业水平和产出的增长率,这与实证发现一致(Sabia,2014,2015)。最后,本章重点研究了最低工资对质量改进的创新的影响,而质量改进的创新决定了经济体的长期增长率,[①]可以进一步研究最低工资对自动化(即劳动节约型技术)的重要作用。[②]

提高最低工资降低了经济体在转移动态路径上的增长率,但是对经济体的长期稳态增长率没有影响。这是因为在短期内,最低工资通过缩小整个经济体的市场规模缩小了每个企业的市场规模,进而降低了企业的研发激励和企业改进产品质量的研发投入。但是随着一些企业退出市场,每个企业的市场规模又

---

① 见佩雷托和康诺利(Peretto and Connolly,2007)关于经济体的长期增长率为什么由垂直型创新决定的理论。

② 洛丹和纽马克(Lordan and Neumark,2018)的研究表明最低工资降低了低技能劳动力的就业水平并增加了自动化。

恢复到了其最初的水平,因此企业的研发投入和经济体的增长率也恢复到了最初的水平。从长期来看,提高最低工资所带来的整个市场规模的缩小并未改变每个企业的市场规模。这是因为尽管最低工资改变了整个经济体的市场规模,但是它并未改变直接影响企业研发收益和研发成本的因素。也就是说,在给定市场规模的情况下,每个企业的研发收益和研发成本不会受到最低工资的影响。在接下来的两章中,本书研究了另外两个政策工具——专利保护和研发补贴——对经济增长的动态作用。专利保护和研发补贴尽管不会改变整个经济体的市场规模,但是专利保护和研发补贴分别通过影响企业的研发收益和研发成本,影响了企业在研发新产品和改进产品质量之间的资源配置,进而通过改变经济体的市场结构(企业的数量和每个企业的市场规模)改变了经济体的长期增长率。

# 第四章　专利保护与经济增长

　　本章在内生起飞的熊彼特增长模型中研究了知识产权对一个经济体从停滞、起飞到持续经济增长的整个动态过程的作用。[①]　本章的内容安排如下。第一节是引言,总结了工业革命前后发达国家人均收入的增长情况,简要概述了论文的主要内容和结论,并且讨论了文献中关于专利制度对工业革命影响的研究,以及专利保护对经济长期增长率影响的研究。第二节是理论模型,通过将专利宽度纳入内生经济起飞的熊彼特增长模型,研究了专利保护对一个经济体从起飞、转移动态到平衡增长路径上的影响,重点研究了专利保护在一个经济体不同增长阶段对创新和增长率的不同作用机制。第三节是定量分析,使用美国的数据对模型中的参数进行了校准并对模型进行了仿真,定量地研究了增强专利保护对经济体从起飞到平衡增长路径上的动态作用。第四节是本章总结,对前三节的内容进行了总结,并且结合现有文献和数据对理论模型和定量分析的结果作了进一步的讨论。

## 第一节　引言

　　"英格兰[……]到 1700 年[……]已经发展出一套内嵌于普通法(Common Law)的有效产权制度[并且……]开始通过其专利法保护知识中的私有产权。工业革命的舞台已经准备好了。"诺斯和托马斯(North and Thomas,1973,

---

① 本章的主要内容已经发表于《人口经济学期刊》(*Journal of Population Economics*),第 33 卷。

p. 156)。

世界各国的经济从停滞到起飞在时间的先后上差异巨大,这在很大程度上决定了当今世界各国经济发展的相对差异,同时也导致了过去 200 多年中世界各国人均收入的大分流。[①] 鉴于知识产权对技术进步的速度以及对经济体从停滞到起飞的转型具有重要影响,本章研究了专利制度对经济的这一转型和长期增长的不同作用。工业革命是人类历史上最重大的事件之一,工业革命开启了人类历史的新纪元,因为工业革命前的人类社会和工业革命后的人类社会从各个角度上来说都是两个完全不同的世界。在人类历史上,有两次重大的变革,一次是农业革命(新石器革命),另外一次就是工业革命。农业革命发生在公元前 8000 年左右,工业革命则在 18 世纪中后期首先在英国发端。英国经济在 18 世纪末期到 19 世纪初期的这段时间里经历了从停滞到起飞的转型。图 4 - 1 展示了 1700—2016 年英国实际人均 GDP 的时间序列图。图 4 - 2 展示了 1700—2016 年英国实际人均 GDP 的对数值的时间序列图,其中曲线的斜率就是实际人均 GDP 的增长率。在 18 世纪,英国的人均收入增长非常缓慢。从

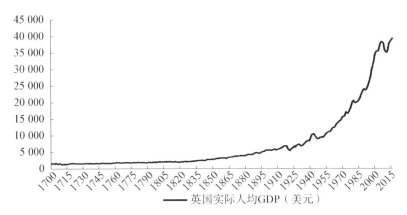

**图 4 - 1　1700—2016 年英国实际人均 GDP**

数据来源:Maddison Project Database。

---

① 关于大分流的讨论,见彭慕兰(Pomeranz,2001)。

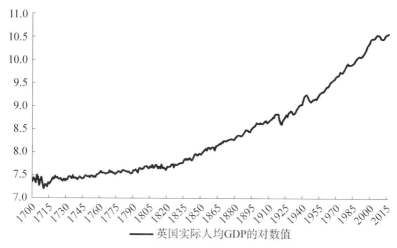

**图 4 - 2　1700—2016 年英国实际人均 GDP 对数值**
数据来源：Maddison Project Database。

1701 年到 1800 年,英国实际人均 GDP 的年均增长率仅为 0.4%。之后从 1801 年到 1900 年,英国实际人均 GDP 的年均增长率提高到了 1.0%。从 20 世纪开始,英国实际人均 GDP 的年均增长率稳定在 1.7%左右。

其他西欧国家和美国也经历了类似于英国的经济增长历程,只是这些国家经济起飞的时间相比英国更晚,但是同样都经历了停滞、起飞、加速和平衡增长这几段过程。而世界上其他地区在工业革命时期并未像西欧和美国一样经历了从马尔萨斯时代到工业革命的转型,这就导致了当今世界各国人均收入和生活水平的"大分流"。二战后,许多东亚经济体经历了引人注目的高速增长时期。但是这些后发经济体的增长路径与欧洲和美国等发达经济体的增长路径截然不同,这些后发经济体先经历了经济的高速增长,之后增速不断下滑。随着人均收入不断地向发达经济体收敛,这些后发经济体的人均 GDP 的增长率也逐渐降低并且向发达经济体收敛。

本章的模型研究的是西欧和美国这些最早进入工业革命的发达经济体的整个增长的动态过程以及专利保护在其中扮演的重要角色。但是本章的模型并不能完全适用于后发经济体的增长路径,因为后发经济体的增长主要依靠学习和掌握技术前沿国家的先进技术,因此它们的经济增速在起飞阶段非常高。但是随着这些后发经济体与技术前沿国家的技术差距不断减小,它们的经济增速也随之不断下降。

本章将专利保护纳入内生经济起飞的熊彼特增长模型(Peretto,2015)。在该模型中,人口增长率是一个外生的正的常数。当市场规模较小的时候,经济体首先经历了人均产出增长率为 0 的停滞阶段。在这个模型中,人口规模在决定企业的市场规模方面起到了决定性作用,也就是说人口规模的增长扩大了企业的市场规模。在第一个阶段,当人口规模较小时,企业的市场规模较小,经济体的人均产出增长率为 0,此时经济体处于停滞阶段。随着人口规模的不断扩大,企业的市场规模也随之变大。当企业的市场规模变得足够大时,创新和技术进步出现了,经济体开始增长,经济体到达了第二个阶段。在这一阶段,随着人口的不断增长,企业的市场规模进一步扩张,企业的研发收益不断增加,经济体的增长率不断上升。在第二阶段中,当企业的市场规模随着人口的不断增长而不断扩张并且达到一个内生的阈值时,经济体一定会出现新产品的发明(即产品种类扩张的创新)。但是此时经济体中还没有出现产品质量的改进(即产品质量改进的创新),因为要出现产品质量改进的创新需要企业的市场规模达到一个更高的阈值。而随着人口规模的不断扩大,每个企业的市场规模也随之扩大,并且当企业的市场规模达到这个更高的阈值时,经济体中开始出现产品质量改进的创新。此时,经济体中既有新产品的不断涌现,又有产品质量的不断改进。在长期,经济体收敛到具有稳态增长率的平衡增长路径上。这一增长模型框架与图 4-1 和图 4-2 中所展示的英国的经济增长模式相吻合。本章的基本结论如下。

首先,增强专利保护导致经济体起飞的时间点提前。企业进行研发创新的激励取决于新产品的市场价值,而新产品的市场价值既取决于专利保护的程度,又取决于每种产品的市场规模。增强专利保护通过减少竞争者对在位企业的价格竞争增加了企业的利润,并且提高了专利的市场价值。给定每个企业的市场规模,增强专利保护提高了新产品的市场价值,这反过来降低了企业研发新产品所需的最小市场规模。因此,增强专利保护使经济体出现创新与经济增长的时间点提前,即工业革命发生的时间点提前。增强知识产权保护使经济起飞的时间点提前,但是不一定会使经济体立刻起飞,因为企业研发新产品需要产品的市场规模足够大,而产品的市场规模又取决于人口的规模。这一结论与目前文献中关于知识产权对工业革命的重要作用的发现一致。①

在经济体起飞之后,随着人口的不断增长,企业的市场规模不断扩大,新产品的市场价值也随之增加,经济体的增长速度也在不断上升。在给定每个企业的市场规模的情况下,增强专利保护提高了企业的利润和新产品的市场价值,这就增加了企业研发新产品的研发投入,并且提高了经济体的增长率。当企业的市场规模足够大时,产品质量改进的创新也将出现。在给定每个企业的市场规模的情况下,增强专利保护提高了企业的利润,增加了企业改进产品质量和研发新产品的回报率,并且提高了经济体的增长率。

最后,当经济体达到平衡增长路径时,增强专利保护将减少产品质量改进的创新并且降低经济体的长期增长率,这与近期的一些实证研究中关于知识产权对经济增长具有阻碍作用的发现一致。② 从直觉上来说,更强的专利保护赋予了在位的垄断企业以更强的市场势力,并且通过增加企业的垄断利润提高了企业进行研发创新的激励。这在一方面鼓励企业研发新产品并且进入市场,增加了经济体中产品的种类。但是在另一方面,市场中产品种类的增加缩小了每种产品的市场规模,减少了改进现有产品质量的研发创新,从而降低了经济体

---

① 相关文献见诺斯和托马斯(North and Thomas,1973)、诺斯(North,1981)、达顿(Dutton,1984)和汗(Khan,2005)。

② 相关文献见贾菲和勒纳(Jaffe and Lerner,2004)、贝森和默勒(Bessen and Meurer,2008)及博德林和莱文(Boldrin and Levine,2008)。

的长期增长率,因为改进产品质量的研发创新决定了经济体的长期增长率。[①] 在第二代内生增长模型中,市场中的企业(产品)数量取决于整个经济体的人口规模,市场中企业数量的稳态值随着人口规模的增加而增加。当人口规模保持稳定不变时,企业数量的稳态值也保持不变。因此,产品种类增加的创新和技术进步依赖于人口规模的不断扩张。但是,产品质量改进的创新取决于每种产品(每个企业)的市场规模,只要企业的市场规模足够大以使产品质量改进的创新能够出现,那么产品质量改进的创新就可以不断地维持下去,也就是说产品质量改进的创新和技术进步与整个经济体的人口规模无关。

本章与研究创新和经济增长之间的关系的文献相关。罗默(Romer,1990)首先提出了产品种类扩张的内生增长模型,在这个模型中创新和技术进步是由新产品的发明驱动的。阿吉翁和豪伊特(Aghion and Howitt,1992)提出了熊彼特质量阶梯增长模型,在这个模型中创新和技术进步是由产品质量的提升驱动的。佩雷托(Peretto,1998,1999)及斯马尔德斯和范德克伦德特(Smulders and van de Klundert,1995)将这两个维度的创新结合起来,提出了内生市场结构的熊彼特增长模型。本章在内生市场结构的熊彼特增长模型中研究了知识产权的重要作用。

在关于知识产权和创新的研究中,相关文献也在创新驱动的增长模型中研究了知识产权的作用。[②] 但是绝大多数的研究只关注产品种类扩张的创新或者产品质量改进的创新这两者之中的一种。只有少数的一些研究,比如朱智豪等(Chu et al.,2012)和朱智豪等(Chu et al.,2016)的研究,在同时具有两个维

---

① 佩雷托和康诺利(Peretto and Connolly,2007)从理论上证明了改进产品质量的创新是长期经济增长唯一合理的引擎。

② 相关文献见科齐(Cozzi,2001)、李哲元(Li,2001)、吴和奥利维尔(Goh and Olivier,2002)、奥多诺霍和茨魏米勒(O'Donoghue and Zweimuller,2004)、古川(Furukawa,2007)、朱智豪(Chu,2009)、阿西莫格鲁和阿克西吉特(Acemoglu and Akcigit,2012)、岩佐子和二神(Iwaisako and Futagami,2013)、科齐和加利(Cozzi and Galli,2014)、黄千祐等(Huang et al.,2017)、杨毅柏(Yang,2018)。

度创新的熊彼特增长模型中研究了知识产权的作用。但是,这些研究都没有考虑到知识产权对一个经济体的不同发展阶段可能具有不同的作用。岩佐子(Iwaisako,2013)、朱智豪等(Chu et al.,2014)和朱智豪等(Chu et al.,2019)的研究发现知识产权对经济增长和社会福利的影响分别取决于一个经济体公共服务的水平、与技术前沿的距离和金融发展水平。但是,这些研究都没有考虑到知识产权对一个经济体内生经济起飞的影响。本章的主要贡献之一是在内生经济起飞的熊彼特增长模型中研究了知识产权的重要作用,并且重点强调了在存在两个维度创新的情况下,知识产权对一个经济体不同发展阶段的经济增长具有的作用不同。

本章与研究内生经济起飞与经济增长之间的关系的文献相关。盖勒和韦尔(Galor and Weil,2000)开创性地提出并发展了统一增长理论。[①] 他们研究了生育和人力资本积累之间的质量—数量权衡,并发现这一质量—数量之间的权衡使一个国家可以摆脱马尔萨斯陷阱并且导致经济体的内生起飞。[②] 佩雷托(Peretto,2015)提出了内生经济起飞的熊彼特增长模型,该模型中的人口增长率是外生的,并且不存在马尔萨斯陷阱。但是,该模型研究了由研发创新和技术进步所引发的内生经济起飞,而创新和技术进步与工业革命的发生具有紧密的联系,而且对本章关于专利政策的分析来说该模型是合适的理论框架。佩雷托模型同时包含了产品质量改进的创新和产品种类扩张的创新这两种类型的技术进步,其中产品种类的内生增长提供了稀释效应,并且消除了人口规模对经济体长期增长率的规模效应。因此,尽管人口规模影响了经济起飞的时间点,但是人口规模并不影响经济体的长期增长率。本章将专利保护纳入佩雷托

---

[①] 相关文献见盖勒和莫阿夫(Galor and Moav,2002)、魏斯多夫(Weisdorf,2004)、盖勒和芒福德(Galor and Mountford,2008)、阿什拉夫和盖勒(Ashraf and Galor,2011)、盖勒(Galor,2011)以及德斯梅特和帕伦特(Desmet and Parente,2012)。

[②] 其他关于内生经济起飞的早期研究包括琼斯(Jones,2001)及汉森和普雷斯科特(Hansen and Prescott,2002)。

模型,研究了专利保护的强度对内生经济起飞的影响。

上一章在内生市场结构的第二代内生增长模型中研究了最低工资对经济增长的动态作用,并且发现提高最低工资降低了经济体在转移动态路径上的增长率,但是对经济体的长期稳态增长率没有影响。这是因为在短期内,最低工资通过缩小整个经济体的市场规模缩小了每个企业的市场规模,进而降低了企业改进产品质量的研发激励和产品质量改进的研发投入。在长期,随着一些企业退出市场,每个企业的市场规模又恢复到了最初的水平,因此企业的研发投入和经济体的增长率也恢复到了其最初的水平。从长期来看,提高最低工资所带来的整个市场规模的缩小并未改变每个企业的市场规模,尽管它减少了市场中的企业数量。这是因为尽管最低工资改变了整个经济体的市场规模,但是它并未改变直接影响企业研发收益和研发成本的因素。也就是说在给定市场规模的情况下,每个企业的研发收益和研发成本不会受到最低工资的影响。

本章研究得出,专利保护尽管不会改变整个经济体的市场规模,但是专利保护强度的改变会影响经济体的长期增长率。这是因为在给定市场规模的情况下,提高专利保护增加了每个企业的利润,改变了企业的研发收益,进而影响了企业的进入和退出决策,改变了经济体中的产品数量和每个企业的市场规模。另外本章更进一步研究了专利保护在一个经济体从没有创新到出现创新,最后到达平衡增长路径上整个动态过程的作用。而在上一章的研究中仅考虑了本章模型的最后一个阶段,即平衡增长路径。因此可以这样理解,上一章研究的是发达经济体(技术前沿国家)近几十年来的创新和经济增长,而本章研究了专利保护对发达经济体从工业革命前到工业革命直到现在整个经济史的创新和经济增长的作用。

## 第二节　理论模型

本节的理论模型基于佩雷托(Peretto,2015)的内生经济起飞的熊彼特增长模型。在该模型中,有两种类型的创新:一种类型的创新是中间产品种类不断增加的创新,即水平型创新;另外一种类型的创新是中间产品质量不断改进的创新,即垂直型创新。在模型中,产品种类的内生增长产生了稀释效应并消除了规模效应。劳动力和中间产品作为要素投入被最终产品生产企业用于生产最终产品。最终产品被用于消费,并且作为要素投入被中间产品生产企业用于改进产品质量的企业内部研发,生产中间产品,支付进入成本和运营成本。每一种中间产品由一个垄断企业进行生产,因此中间产品的数量等于企业的数量。本章将专利宽度——衡量专利保护强度的专利政策参数——纳入该模型中,并且分析了专利宽度这一政策参数的变化对一个经济体从起飞、转移动态到平衡增长路径上的影响。

一、模型设定

经济体中代表性家庭的效用函数为:

$$U = \int_0^\infty e^{-(\rho-\lambda)t} \ln c_t dt \qquad (4-1)$$

其中,$c_t \equiv C_t/L_t$ 为 $t$ 时刻代表性家庭的人均消费水平,$C_t$ 为代表性家庭对最终产品(计价物)的总消费水平,$\rho > 0$ 为主观贴现率。总人口以一个外生不变的增长率 $\lambda \in (0, \rho)$ 增长,[①]将初始的人口规模标准化为1,因此时刻 $t$ 经济体的总人口为 $L_t = e^{\lambda t}$。代表性家庭最大化其效用函数(4-1),其预算约束条件为:

$$\dot{a}_t = (r_t - \lambda)a_t + w_t - c_t \qquad (4-2)$$

其中,$a_t \equiv A_t/L_t$ 为代表性家庭中每个成员所持有的人均实际资产,$A_t$ 为代表性家庭的总资产,$r_t$ 为实际利率。代表性家庭中每个成员提供一单位的劳动力,实际工资为 $w_t$。由家庭的动态最优化可得如下欧拉方程:

$$\frac{\dot{c}_t}{c_t} = r_t - \rho \qquad (4-3)$$

---

① 假设 $\lambda < \rho$ 是为了确保经济体将收敛到平衡增长路径上。

该欧拉方程的经济学含义是,人均消费的增长率等于实际利率减去代表性家庭的主观贴现率。实际利率越高,人均消费的增长率就越高。代表性家庭的主观贴现率越高,人均消费的增长率就越低。实际利率越高,代表性家庭放弃一部分当期消费进行储蓄以获得更多的未来消费的动机也就越强。这是因为实际利率越高,代表性家庭进行储蓄的收益率就越高,未来可以获得的收入也就越多。代表性家庭的主观贴现率越高,代表性家庭增加当期消费而减少储蓄以获得更多的当期效用的动机也就越强。这是因为代表性家庭的主观贴现率越高,代表性家庭未来消费的效用的贴现值就越低,当期消费就越重要。

最终产品由完全竞争市场中的企业进行生产,最终产品的生产函数为:

$$Y_t = \int_0^{N_t} X_t^\theta(i) \left[ Z_t^\alpha(i) Z_t^{1-\alpha} L_t / N_t^{1-\sigma} \right]^{1-\theta} di \qquad (4-4)$$

其中 $\{\theta, \alpha, \sigma\} \in (0, 1)$。$X_t(i)$ 为非耐用中间产品的数量,$i \in [0, N_t]$ 为市场中已经被研发出来并且正在生产的中间产品的种类数。中间产品 $X_t(i)$ 的生产率取决于该中间产品的质量 $Z_t(i)$ 和所有中间产品的平均质量 $Z_t \equiv \int_0^{N_t}$ $Z_t(j)dj/N_t$,其中 $Z_t$ 体现了各种中间产品之间的技术溢出。中间产品质量的私人收益率由参数 $\alpha$ 决定,技术溢出的程度由参数 $1-\alpha$ 决定。$\alpha$ 越大,中间产品垄断企业提高自己产品质量的研发收益率就越高。研发参数 $1-\sigma$ 决定了产品种类增加所带来的拥挤效应,参数 $\sigma$ 决定了产品种类增加的社会回报率。$\sigma$ 越高,新产品的发明所带来的社会收益就越高,产品种类的增加所带来的拥挤效应就越小。当 $\sigma \to 0$ 时,新产品的发明所带来的社会收益趋近于0,产品种类的增加不会提高人均收入。当 $\sigma \to 1$ 时,新产品的发明所带来的拥挤效应趋近于0,产品种类的增加不会降低每种中间产品的需求。参数 $\theta$ 决定了各种中间产品之间的替代弹性。$\theta$ 越大,各种中间产品之间的替代弹性就越大,每个中间产品的垄断企业可以索要的垄断价格就越低,每个中间产品垄断企业的利润也就越低。该生产函数对于中间产品和劳动力来说是规模报酬不变的。也就是说,如果所有中间产品的投入量和劳动力的投入量同时扩大一倍,那么最终产品的产量也将扩大一倍。

由最终产品企业的利润最大化可得劳动力 $L_t$ 和中间产品 $X_t(i)$ 的条件需求函数分别为:

$$L_t = (1-\theta)Y_t/w_t \tag{4-5}$$

$$X_t(i) = \left(\frac{\theta}{p_t(i)}\right)^{1/(1-\theta)} Z_t^a(i)Z_t^{1-a}L_t/N_t^{1-\sigma} \tag{4-6}$$

其中 $p_t(i)$ 为中间产品 $X_t(i)$ 的价格。本章将最终产品的价格标准化为 1。随着实际工资的上升,最终产品生产企业对劳动力的需求量下降。随着中间产品价格的上升,最终产品生产企业对中间产品的需求量下降。随着中间产品质量的提高,最终产品生产企业对中间产品的需求量上升。给定中间产品的种类数,随着人口规模的扩大,最终产品生产企业对中间产品的需求量上升。给定人口规模,随着中间产品种类数的增加,最终产品生产企业对每一种中间产品的需求量下降。最终产品市场是完全竞争的,因此中间产品的收入份额为 $\theta Y_t = \int_0^{N_t} p_t(i)X_t(i)di$。

中间产品市场是垄断竞争的,每一种差异化的中间产品由一个垄断企业进行生产。中间产品的生产技术是线性的,中间产品垄断企业 $i \in [0, N_t]$ 用 $X_t(i)$ 单位的最终产品生产 $X_t(i)$ 单位的中间产品。因此,行业 $i$ 中的垄断企业生产质量为 $Z_t(i)$ 的中间产品 $X_t(i)$ 的边际成本为 1。每个中间产品生产企业需要支付 $\phi Z_t^a(i)Z_t^{1-a}$ 单位的最终产品作为固定运营成本,①企业的固定运营成本随着技术水平的提高而增加。中间产品生产企业投入 $I_t(i)$ 单位的最终产品进行企业内部研发并改进其产品的质量,其研发生产函数为:

---

① 这里假设企业的固定运营成本随着中间产品质量的提高而上升,这一假设保证了经济体将收敛到平衡增长路径上。

$$\dot{Z}_t(i) = I_t(i) \tag{4-7}$$

中间产品生产企业在时刻 $t$（研发前）的利润函数为：

$$\Pi_t(i) = [p_t(i) - 1] X_t(i) - \phi Z_t^a(i) Z_t^{1-a} \tag{4-8}$$

行业 $i$ 中的中间产品垄断企业的市场价值为：

$$V_t(i) = \int_t^\infty \exp\left(-\int_t^s r_u du\right) [\Pi_s(i) - I_s(i)] ds \tag{4-9}$$

中间产品垄断企业根据中间产品的需求函数（4-6）、研发函数（4-7）及其利润函数（4-8）最大化其市场价值（4-9）。引理 4.1 的证明中给出了上述动态最优问题的解，其中无约束的利润最大化价格加成为 $1/\theta$。为了分析专利宽度的作用，本章将政策参数 $\mu > 1$ 引入模型。专利宽度 $\mu$ 决定了行业 $i$ 中模仿企业生产与垄断企业具有相同质量 $Z_t(i)$[1] 的中间产品 $X_t(i)$ 的单位成本。[2] 从直觉上来说，专利宽度 $\mu$ 越大（专利保护越强），模仿成本越高，拥有专利的在位垄断企业在不失去其市场份额的情况下可以索要的垄断价格就越高[3]（Li，2001；Goh and Olivier，2002；Iwaisako and Futagami，2013）。因此，行业 $i$ 中的中间产品的均衡价格为：

$$p_t(i) = \min\{\mu, 1/\theta\} \tag{4-10}$$

本章假设 $\mu < 1/\theta$，在这种情况下增加专利宽度提高了垄断价格。

根据文献中通常的做法，本章考虑对称均衡，即所有行业 $i \in [0, N_t]$ 中的中间产品的质量相同 $Z_t(i) = Z_t$，因此所有行业中的中间产品的产量也相同

---

[1] 或者可以假设模仿企业的生产成本与在位垄断企业的生产成本相同，但是由于存在对在位垄断企业的专利保护，行业 $i$ 中的模仿企业只能生产更低质量的中间产品 $X_t(i)$。

[2] 换言之，这一模型设定隐含地假设了通过中间产品垄断企业的专利，中间产品的质量改进存在知识扩散。

[3] 这一模型设定与吉尔伯特和夏皮罗（Gilbert and Shapiro，1990）对专利宽度的定义相同：专利宽度决定了专利持有者提高其垄断价格的能力。这一概念最早来自专利设计文献，比如加里尼（Gallini，1992）也假设更大的专利宽度增加了模仿者的模仿成本。

$X_t(i) = X_t$。① 由式（4-6）和 $p_t(i) = \mu$，并且根据对称均衡可得质量调整的企业规模为：

$$\frac{X_t}{Z_t} = \left(\frac{\theta}{\mu}\right)^{1/(1-\theta)} \frac{L_t}{N_t^{1-\sigma}} \qquad (4-11)$$

本章定义以下转换变量：

$$x_t \equiv \mu^{1/(1-\theta)} \frac{X_t}{Z_t} = \theta^{1/(1-\theta)} \frac{L_t}{N_t^{1-\sigma}} \qquad (4-12)$$

$x_t$ 是由质量调整的企业规模所决定的状态变量，$x_t$ 不受专利宽度 $\mu$ 的直接影响，但是专利宽度 $\mu$ 间接地通过影响产品的种类数 $N_t$ 影响每个企业的市场规模 $x_t$。引理 4.1 给出了企业改进中间产品质量的研发回报率 $r_t^q$，它随着质量调整的企业规模 $x_t$ 和专利宽度 $\mu$ 的增加而增加。

**引理 4.1** 企业改进中间产品质量的研发回报率为：②

$$r_t^q = \alpha \frac{\Pi_t}{Z_t} = \alpha \left[\frac{\mu-1}{\mu^{1/(1-\theta)}} x_t - \phi\right] \qquad (4-13)$$

**证明：**见附录。

由引理 4.1 可知，参数 $\alpha$ 越大，中间产品垄断企业提高自己产品质量的研发收益率 $r_t^q$ 就越高。给定质量调整的企业规模 $x_t$，专利宽度 $\mu$ 越大，中间产品垄断企业可以索要的垄断价格就越高，中间产品垄断企业提高自己产品质量的研发收益率 $r_t^q$ 就越高。给定其他条件不变，质量调整的企业规模 $x_t$ 越大，中间产品垄断企业提高自己产品质量的研发收益率 $r_t^q$ 就越高。给定质量调整的企业规模 $x_t$，参数 $\phi$ 越大，中间产品垄断企业提高自己产品质量的研发收益率 $r_t^q$ 就越低。但是，专利宽度 $\mu$ 和参数 $\phi$ 本身也会影响到企业的市场规模 $x_t$。

---

① 对称均衡同时也意味着 $\Pi_t(i) = \Pi_t$、$I_t(i) = I_t$ 和 $V_t(i) = V_t$。

② 对于 $\mu < 1/\theta$，$(\mu-1)/\mu^{1/(1-\theta)}$ 随着 $\mu$ 的增加而增加。

根据文献中通常的做法,本章假设企业研发新产品并且进入市场时的技术水平为市场的平均技术水平 $Z_t$,这保证了在任一时点 $t$ 经济体处于对称均衡状态。一个进入企业支付 $\beta X_t$ 单位的最终产品研发出一种新产品并进入市场,$\beta > 0$ 是进入成本参数,$X_t$ 代表了企业的进入成本与其初始的生产规模正相关。中间产品的资产定价方程意味着中间产品的资产回报率为:

$$r_t = \frac{\Pi_t - I_t}{V_t} + \frac{\dot{V}_t}{V_t} \qquad (4-14)$$

当企业进入为正时,自由进入的无套利条件为:

$$V_t = \beta X_t \qquad (4-15)$$

将式(4-7)、(4-8)、(4-12)、(4-15)和 $p_t = \mu$ 代入式(4-14)可得企业研发新的中间产品并且进入市场的市场回报率为:

$$r_t^e = \frac{\mu^{1/(1-\theta)}}{\beta} \left[ \frac{\mu - 1}{\mu^{1/(1-\theta)}} - \frac{\phi + z_t}{x_t} \right] + \frac{\dot{x}_t}{x_t} + z_t \qquad (4-16)$$

其中 $z_t \equiv \dot{Z}_t / Z_t$ 是中间产品质量的增长率。给定质量调整的企业规模 $x_t$,专利宽度 $\mu$ 越大,企业研发新的中间产品的市场回报率 $r_t^e$ 就越高。给定其他条件不变,质量调整的企业规模 $x_t$ 越大,企业研发新产品的研发收益率 $r_t^e$ 就越高。

## 二、一般均衡

经济体的一般均衡由变量 $\{A_t, Y_t, C_t, X_t, I_t\}$ 的时间路径和价格 $\{r_t, w_t, p_t, V_t\}$ 的时间路径决定:

(1)给定实际利率和实际工资 $\{r_t, w_t\}$,家庭最大化其效用;

(2)给定实际工资和中间产品的价格 $\{w_t, p_t\}$,竞争性企业生产最终产品 $Y_t$ 并最大化其利润;

(3)给定实际利率 $r_t$,中间产品在位垄断企业选择中间产品的垄断价格和改进中间产品质量的研发投入 $\{p_t, I_t\}$ 并最大化其市场价值 $V_t$;

(4)给定中间产品垄断企业的市场价值 $V_t$,进入企业决定是否研发新产品并进入市场；

（5）全部的在位中间产品垄断企业的市场价值总额等于家庭的资产总额，$A_t = N_t V_t$；

（6）最终产品市场的市场出清条件为：

$$Y_t = C_t + N_t(X_t + \phi Z_t + I_t) + \dot{N}_t \beta X_t \qquad (4-17)$$

将式(4-6)和 $p_t = \mu$ 代入式(4-4)，并且根据对称性可得经济体的总产出为：

$$Y_t = (\theta/\mu)^{\theta/(1-\theta)} N_t^\sigma Z_t L_t \qquad (4-18)$$

专利宽度 $\mu$ 增加，总产出 $Y_t$ 下降。这是因为专利宽度增加提高了中间产品生产企业的垄断价格，降低了中间产品的产量和总产出。总产出随着中间产品种类的增加而增加，随着中间产品质量的增加而增加，随着人口规模的增加而增加。人均产出的增长率为：

$$g_t \equiv \frac{\dot{y}_t}{y_t} = \sigma n_t + z_t \qquad (4-19)$$

其中 $y_t \equiv Y_t/L_t$ 为人均产出。人均产出的增长率 $g_t$ 由产品种类的增长速度 $n_t \equiv \dot{N}_t/N_t$ 和产品质量的增长速度 $z_t$ 决定。参数 $\sigma$ 决定了产品种类的增长率对人均产出增长率的贡献。$\sigma$ 越大，产品种类增加所带来的社会回报率就越高，产品种类的增加对总产出的增长贡献就越大。

## 三、经济动态

经济体的动态由质量调整的企业规模 $x_t = \theta^{1/(1-\theta)} L_t/N_t^{1-\sigma}$ 决定，状态变量 $x_t$ 的初始值为 $x_0 = \theta^{1/(1-\theta)}/N_0^{1-\sigma}$。给定中间产品的种类数 $N_t$，人口规模 $L_t$ 越大，质量调整的企业规模 $x_t$ 就越大。给定人口规模 $L_t$，中间产品的种类数 $N_t$ 越大，质量调整的企业规模 $x_t$ 就越小。经济体一共经历了四个增长阶段。在第一阶段，经济体中既没有产品种类扩张的技术进步也没有产品质量改进的技术进步,人均产出的增长率为 0。在这一阶段,质量调整的企业规模 $x_t$ 的增长率完全由外生的人口增长率所决定。随着人口的不断增长,企业的市场规模 $x_t$ 不断扩张。当市场规模 $x_t$ 增长到足够大时,企业开始进行研发,经济体中开始出现创新和技术进步。在该模型中有两种类型的创新,这两种类型的创新出现的先后顺序由模型的参数所决定。下面的不等式给出了其中一种更符合现实的情况——新产品的发明(产品种类扩张的技术进步)出现在产品质量的改进(产品质量改进的技术进步)之前——所需满足的参数条件:

$$\alpha < \frac{\mu-1-(\rho-\lambda)\beta}{(\rho-\lambda)\beta\phi}\left\{\rho+\frac{(\theta/\mu)[\mu-1-(\rho-\lambda)\beta]}{1-(\theta/\mu)[\mu-(\rho-\lambda)\beta]}\lambda\right\} \qquad (4-20)$$

企业改进产品质量的研发收益率参数 $\alpha$ 越小,企业的进入成本参数 $\beta$ 越小,式 $(4-20)$ 中的参数条件越有可能得到满足。

当企业的市场规模 $x_t$ 达到第一个阈值 $x_N$ 时,经济体中开始出现产品种类扩张的创新,即 $n_t > 0$,

$$x_N \equiv \frac{\mu^{1/(1-\theta)}\phi}{\mu-1-(\rho-\lambda)\beta} \qquad (4-21)$$

当 $x_t = x_N$ 且 $z_t = 0$ 时,产品种类的增长率 $n_t = 0$。专利宽度 $\mu$ 增加,阈值 $x_N$ 下降。企业的进入成本参数 $\beta$ 越大,阈值 $x_N$ 越大。这是因为专利宽度的增加提高了中间产品垄断企业的利润和市场价值,缩小了研发新产品所需的最小市场规模。企业的进入成本越高,研发新产品所需的最低市场规模就越大。

之后,随着企业规模 $x_t$ 的不断扩大并且达到第二个阈值 $x_Z$ 时,经济体中开始出现产品质量改进的创新,即 $z_t > 0$,

$$x_Z \equiv \underset{x}{argsolve}\left\{\left[\frac{\mu-1}{\mu^{1/(1-\theta)}}x-\phi\right]\left[\alpha-\frac{\mu^{1/(1-\theta)}\sigma}{\beta x}\right]=\rho-\sigma(\rho-\lambda)\right\}$$

$$(4-22)$$

当 $x_t = x_Z$ 且 $n_t > 0$ 时,$z_t = 0$。当参数满足不等式 $(4-20)$ 时,$x_N < x_Z$。企

业改进产品质量的研发收益率参数 $\alpha$ 越大,阈值 $x_Z$ 越小。这是因为企业改进产品质量的研发收益率越高,企业从改进产品质量中获得的收益就越大,这缩小了改进产品质量所需的最小市场规模。但是专利宽度 $\mu$ 对阈值 $x_Z$ 的影响不确定,取决于模型中各种参数的大小。

在长期,企业的市场规模 $x_t$ 逐渐收敛到其稳态值 $x^*$。当参数满足以下不等式时,在平衡增长路径上中间产品垄断企业的市场规模、中间产品质量的增长率和人均产出的增长率 $\{x^*, z^*, g^*\}$ 均为正数:

$$\beta\phi > \frac{1}{\alpha}\left[\mu - 1 - \beta\left(\rho + \frac{\sigma}{1-\sigma}\lambda\right)\right] > \mu - 1 \tag{4-23}$$

以下命题改编自佩雷托(2015),总结了质量调整的企业规模 $x_t$ 的动态路径。

**命题4.1** 当经济体的初始条件满足:[①]

$$\mu^{1/(1-\theta)}\phi/(\mu-1) < x_0 < x_N \tag{4-24}$$

质量调整的企业规模 $x_t$ 的动态路径由以下微分方程表示:[②]

$$\dot{x}_t = \begin{cases} \lambda x_t > 0 & x_0 \leqslant x_t \leqslant x_N \\ \bar{v}(\bar{x}^* - x_t) > 0 & x_N < x_t \leqslant x_Z \\ v(x^* - x_t) \geqslant 0 & x_Z < x_t \leqslant x^* \end{cases} \tag{4-25}$$

其中,

$$\bar{v} \equiv \frac{1-\sigma}{\beta}\left[\mu - 1 - \beta\left(\rho + \frac{\lambda\sigma}{1-\sigma}\right)\right]$$

$$\bar{x}^* \equiv \frac{\mu^{1/(1-\theta)}\phi}{\mu - 1 - \beta[\rho + \lambda\sigma/(1-\sigma)]}$$

---

① 不等式 $x_0 > \mu^{1/(1-\theta)}\phi/(\mu-1)$ 保证了企业的初始利润大于0,即 $\Pi_0 > 0$。

② 由式(4-20)和式(4-23)可得 $x_N < x_Z < \bar{x}^* < x^*$。

$$v \equiv \frac{1-\sigma}{\beta}\left[(1-\alpha)(\mu-1)-\beta\left(\rho+\frac{\lambda\sigma}{1-\sigma}\right)\right]$$

$$x^* \equiv \mu^{1/(1-\theta)}\frac{(1-\alpha)\phi-[\rho+\lambda\sigma/(1-\sigma)]}{(1-\alpha)(\mu-1)-\beta[\rho+\lambda\sigma/(1-\sigma)]}$$

**证明:**见附录。

由命题4.1可知,质量调整的企业规模$x_t$的动态路径分为四个阶段。在第一阶段,经济体中还未出现创新和技术进步,企业(产品)数量是固定不变的,企业规模的增长完全由外生的人口增长所决定。因此,质量调整的企业规模$x_t$的增长率等于人口的增长率。在第二阶段,当质量调整的企业市场规模达到第一个阈值$x_N$时,经济体中出现了产品种类增加的创新和技术进步。由式(4-25)可知,质量调整的企业规模$x_t$的增长率随着企业规模的不断扩大而下降,这是因为产品种类的增长率$n_t$随着企业规模的不断扩大而上升。在第三阶段,当质量调整的企业市场规模达到第二个阈值$x_Z$时,[①]经济体中出现了产品质量改进的创新和技术进步。此时,经济体中同时存在产品种类增加的创新和产品质量改进的创新这两种类型的创新和技术进步。由式(4-25)可知,质量调整的企业规模$x_t$的增长率随着企业规模的不断增加而下降。这是因为产品种类的增长率$n_t$随着企业规模的不断增加而上升,这与第二阶段的情况相同。在第四阶段,当质量调整的企业市场规模达到其稳态值$x^*$时,经济体到达了它的平衡增长路径上。接下来详细讨论经济体在这四个阶段人均产出的动态路径。

(1)第一阶段:停滞

当中间产品垄断企业的市场规模$x_t$较小,即$x_t \leqslant x_N$时,企业没有足够的激励研发新产品或者改进现有产品的质量。在这一阶段人均产出为:

$$y_t = (\theta/\mu)^{\theta/(1-\theta)}N_0^\sigma Z_0 \tag{4-26}$$

---

① 经济体达到第二个阈值$x_Z$要求$x_Z < \overline{x}^*$,式(4-23)保证了$x_Z < \overline{x}^*$成立。

人均产出 $y_t$ 的增长率为 $g_t = 0$。产品种类保持不变并且等于其初始值 $N_0$，产品质量也保持不变并且等于其初始值 $Z_0$。在这一阶段，增强专利保护 $\mu$ 降低了人均产出的水平 $y_t$。这是因为增加专利宽度 $\mu$ 提高了中间产品的垄断价格，恶化了由垄断所导致的静态扭曲，从而降低了中间产品的产量 $X_t$、总产出 $Y_t$ 和人均产出 $y_t$。更强的专利保护使经济体起飞的时间点提前，但是并不一定会导致经济体立刻起飞。这是因为专利宽度 $\mu$ 的增加降低了式(4-21)中的阈值 $x_N$。从直觉上来说，更强的专利保护使中间产品垄断企业的利润增加，这就提供给中间产品垄断企业更强的激励研发新产品。在第一阶段，市场中的企业(产品)数量保持不变，每个企业的市场规模随着外生的人口增长而增长，因此增强专利保护 $\mu$ 使经济体更早地出现了创新和技术进步。

**命题 4.2** 当 $x_t \leqslant x_N$ 时，更强的专利保护降低了人均产出的水平，但是更强的专利保护使经济体起飞的时间点提前。

**证明：** 由式(4-21)和式(4-26)可得，阈值 $x_N$ 和人均产出 $y_t$ 随着专利宽度 $\mu$ 的增加而下降。当 $x_t \leqslant x_N$ 时，中间产品垄断企业的市场规模 $x_t$ 的增长率等于外生的人口增长率 $\lambda$。因此，更小的阈值 $x_N$ 意味着经济体起飞的时间点提前。证毕。

(2) 第二阶段：产品种类增加

当中间产品垄断企业的市场规模 $x_t$ 足够大，即 $x_t > x_N$ 时，企业开始研发新产品。在这一阶段人均产出为：

$$y_t = (\theta/\mu)^{\theta/(1-\theta)} N_t^\sigma Z_0 \qquad (4-27)$$

人均产出 $y_t$ 的增长率为 $g_t = \sigma n_t$。人均产出的增长率取决于产品种类的增长率 $n_t$。在这一阶段产品种类 $N_t$ 不断增加，产品质量保持不变并且等于其初始值 $Z_0$。在附录中将证明当 $n_t > 0$ 时，消费产出比 $c_t/y_t$ 始终等于其稳态值。也就是说当企业进入为正时，消费产出比总是跳到它的稳态值上。模型的这一性质十分重要，因为它使模型变得易于处理，并且可以给出分析性的解。因此，将式(4-16)中企业研发新的中间产品并且进入市场的市场回报率 $r_t^i$ 代入式(4-3)中的欧拉方程 $r_t = \rho + g_t = \rho + \sigma n_t$，并且根据式(4-12)可得产品种类的增长率为：[①]

$$n_t = \frac{\mu^{1/(1-\theta)}}{\beta}\left[\frac{\mu - 1}{\mu^{1/(1-\theta)}} - \frac{\phi}{x_t}\right] - \rho + \lambda \tag{4-28}$$

对于任一给定的质量调整的企业规模 $x_t$，更强的专利保护 $\mu$ 提高了企业研发新产品的回报率，并且提高了人均产出 $g_t = \sigma n_t$ 的增长率，这一结论与李哲元(Li，2001)及奥多诺霍和茨威米勒(O'Donoghue and Zweimuller，2004)的结论相同。因此，在第二阶段人均产出的增长率随着质量调整的企业规模 $x_t$ 的上升而上升。

**命题 4.3** 对于任一给定的质量调整的企业规模 $x_t \in (x_N, x_Z)$，更强的专利保护提高了人均产出的增长率。

**证明：**由式(4-28)可得，对于任一给定的质量调整的企业规模 $x_t$，人均产出的增长率 $g_t = \sigma n_t$ 随着专利宽度 $\mu$ 的增加而增长。证毕。

(3) 第三阶段：产品种类增加和产品质量改进

当中间产品垄断企业的市场规模 $x_t$ 增长到更大，即 $x_t > x_Z$ 时，中间产品垄断企业除了研发新产品以外，还有足够的激励改进现有产品的质量。此时人均产出为：

$$y_t = (\theta/\mu)^{\theta/(1-\theta)} N_t^{\sigma} Z_t \tag{4-29}$$

人均产出 $y_t$ 的增长率为 $g_t = \sigma n_t + z_t$。在这一阶段，产品种类 $N_t$ 不断增加，产品质量 $Z_t$ 也在不断提高。人均产出的增长率取决于产品种类的增长率 $n_t$ 和产品质量改进的增长率 $z_t$。将式(4-13)中企业改进中间产品质量的研发回报率 $r_t^q$ 代入式(4-3)中的欧拉方程 $r_t = \rho + g_t = \rho + \sigma n_t + z_t$，可得中间产品质量的

---

① 由式(4-21)和式(4-28)可得，当且仅当 $x_t > x_N$ 时，$n_t > 0$。

增长率为：[①]

$$z_t = \alpha\left[\frac{\mu-1}{\mu^{1/(1-\theta)}}x_t - \phi\right] - \rho - \sigma n_t \qquad (4-30)$$

对于任一给定的质量调整的企业规模 $x_t$，更强的专利保护 $\mu$ 提高了中间产品垄断企业改进其产品质量的回报率和人均产出的增长率 $g_t = \sigma n_t + z_t = r_t^q - \rho$，其中，$r_t^q = \alpha\left[\frac{\mu-1}{\mu^{1/(1-\theta)}}x_t - \phi\right]$。此时，人均产出的增长率为 $g_t = \alpha\left[\frac{\mu-1}{\mu^{1/(1-\theta)}}x_t - \phi\right] - \rho$。因此，在第三阶段人均产出的增长率随着质量调整的企业规模 $x_t$ 的上升而上升。

**命题 4.4** 对于任一给定的质量调整的企业规模 $x_t \in (x_Z, x^*)$，更强的专利保护提高了人均产出的增长率。

**证明：** 由式(4-30)可得，对于任一给定的质量调整的企业规模 $x_t$，人均产出的增长率 $g_t = \sigma n_t + z_t$ 随着专利宽度 $\mu$ 的增加而增长。证毕。

(4) 第四阶段：平衡增长路径

在长期，中间产品垄断企业的市场规模 $x_t$ 收敛到其稳态值 $x^*$。中间产品质量的增长率为：

$$z^* = \alpha\left[\frac{\mu-1}{\mu^{1/(1-\theta)}}x^* - \phi\right] - \rho - \sigma n^* \qquad (4-31)$$

其中，$n^* = \lambda/(1-\sigma) > 0$ 为产品种类增长率的稳态值。中间产品垄断企业的市场规模的稳态值为：

$$x^* = \mu^{1/(1-\theta)}\frac{(1-\alpha)\phi - [\rho + \lambda\sigma/(1-\sigma)]}{(1-\alpha)(\mu-1) - \beta[\rho + \lambda\sigma/(1-\sigma)]} \qquad (4-32)$$

---

① 当 $z_t \geqslant 0$ 时，由式(4-16)可得 $n_t$。接着将 $n_t$ 代入式(4-30)可得：当且仅当 $x_t > x_Z$ 时，$z_t > 0$。

质量调整的企业规模的稳态值 $x^*$ 随着专利宽度 $\mu$ 的增加而下降。从直觉上来说,更强的专利保护增加了中间产品种类的数量,这导致了每种中间产品的市场规模 $x^*$ 的缩小,并且减少了中间产品垄断企业改进其产品质量的研发激励,人均产出的增长率 $g^* = \sigma n^* + z^*$ 也随之下降。这一结论将朱智豪等(Chu et al.,2016)的结果一般化,在他们的研究中,假设中间产品种类增加的社会回报率为 0,即 $\sigma = 0$。此时,产品种类的增长率和产品质量的增长率保持不变并且分别等于它们的稳态值。

企业进入成本参数 $\beta$ 越大,质量调整的企业规模的稳态值 $x^*$ 就越大。企业的固定运营成本参数 $\phi$ 越大,质量调整的企业规模的稳态值 $x^*$ 就越大。这是因为进入成本越高,市场中的产品种类数就越少,每个企业的市场规模就越大。企业的固定运营成本越高,企业运营所需的最小市场规模就越大,市场中的企业数量就越少,每个企业的市场规模就越大。

**命题 4.5** 在平衡增长路径上,即当质量调整的企业规模 $x_t = x^*$ 时,更强的专利保护降低了人均产出的增长率。

**证明:**由式(4-31)和式(4-32)可得,人均产出的增长率 $g^* = \sigma n^* + z^*$ 随着专利宽度 $\mu$ 的增加而下降。证毕。

在本节的最后总结了整个经济体的动态路径,即企业的市场规模和人均产出增长率之间的关系,质量调整的企业规模 $x_t$ 的动态和人均产出增长率 $g_t$ 的动态路径,并且讨论了增强专利保护对它们的影响,见图 4-3、图 4-4 和图 4-5。

图 4-3 给出了质量调整的企业市场规模 $x_t$ 与人均产出增长率 $g_t$ 之间的关系。在第一阶段,当中间产品垄断企业的市场规模 $x_t$ 小于第一个阈值 $x_N$ 时,由于此时企业的市场规模较小,经济体中没有产品种类增加的创新和技术进步(同时也没有产品质量改进的创新与技术进步),人均产出的增长率为 0。在第二阶段,随着人口的不断增长,当中间产品垄断企业的市场规模 $x_t$ 增加到第一个阈值 $x_N$ 时,经济体中开始出现产品种类增加的创新和技术进步。在这

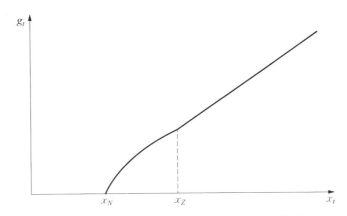

**图 4 - 3 企业市场规模和人均产出增长率之间的关系**

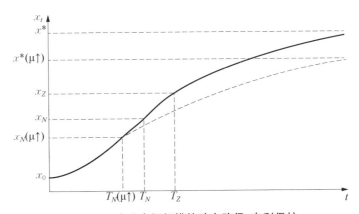

**图 4 - 4 企业市场规模的动态路径：专利保护**

注：$T_N(T_Z)$ 是产品种类增加（产品质量改进）的创新和技术进步出现的时间点。

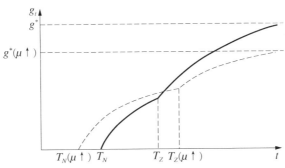

**图 4 - 5 人均产出增长率的动态路径：专利保护**

一阶段,随着中间产品垄断企业的市场规模 $x_t$ 的不断增大,人均产出的增长率 $g_t$ 不断上升。人均产出的增长率 $g_t$ 的增量随着中间产品垄断企业的市场规模 $x_t$ 的扩大而不断下降,这一点由式(4-28)可知。在第三阶段,当中间产品垄断企业的市场规模 $x_t$ 增加到第二个阈值 $x_Z$ 时,经济体中开始出现产品质量改进的创新和技术进步。在这一阶段,随着中间产品垄断企业的市场规模 $x_t$ 不断增大,人均产出的增长率 $g_t$ 不断上升,而这一点由式(4-30)可知。最后在第四阶段,随着质量调整的企业市场规模 $x_t$ 收敛至其稳态值 $x^*$,人均产出的增长率也收敛至其稳态值 $g^*$。专利宽度 $\mu$ 增加,图4-3中的曲线整体向左移动,对于任一给定的中间产品垄断企业的市场规模 $x_t$,人均产出的增长率 $g_t$ 上升。

图4-4给出了质量调整的企业市场规模 $x_t$ 的整个动态路径——从其初始值 $x_0$ 增长并收敛到其稳态值 $x^*$。在第一阶段,当质量调整的企业市场规模 $x_t$ 较小时,企业市场规模 $x_t$ 的增长率等于外生的人口增长率,企业市场规模 $x_t$ 的增量不断增加。在第二阶段,当质量调整的企业市场规模 $x_t$ 达到第一个阈值 $x_N$ 时,经济体中的产品种类开始增加,不断有企业进入市场。在这一阶段,质量调整的企业市场规模 $x_t$ 仍然在不断增加,但是增速却在不断下降。在第三阶段,当质量调整的企业市场规模达到第二个阈值 $x_Z$ 时,经济体中出现了产品质量改进的创新和技术进步,经济体中的产品种类仍然在不断增加。在这一阶段,质量调整的企业市场规模 $x_t$ 仍然在不断增加,其增速也仍然在不断下降。在第四阶段,当质量调整的企业市场规模达到其稳态值 $x^*$ 时,经济体达到它的平衡增长路径上。专利宽度 $\mu$ 增加,质量调整的企业市场规模 $x_t$ 缩小。因此,专利宽度 $\mu$ 的增加压低了质量调整的企业市场规模 $x_t$ 的整个动态路径。这是因为专利宽度 $\mu$ 的增加提高了中间产品垄断企业的利润和市场价值,吸引了更多的企业进入市场,缩小了每一个企业的市场规模。

最后,图4-5给出了人均产出增长率 $g_t$ 的整个动态路径。在第一阶段,当质量调整的企业市场规模 $x_t$ 较小时,经济体中还未出现创新和技术进步,人均

产出的增长率 $g_t$ 为 0，但是质量调整的企业规模 $x_t$ 不断增加。在第二阶段，当质量调整的企业市场规模达到第一个阈值 $x_N$ 时，经济体中出现了产品种类增加的创新和技术进步。产品种类的增长率 $n_t$ 随着质量调整的企业规模 $x_t$ 的不断增加而上升，人均产出的增长率 $g_t$ 随着质量调整的企业规模 $x_t$ 的不断增加而上升。在第三阶段，当质量调整的企业规模 $x_t$ 达到第二个阈值 $x_Z$ 时，经济体中出现了产品质量改进的创新和技术进步。此时，经济体中同时存在产品种类增加的创新和产品质量改进的创新这两种类型的创新和技术进步。产品种类的增长率 $n_t$ 和产品质量的增长率 $z_t$ 随着质量调整的企业规模 $x_t$ 的不断增加而上升，人均产出的增长率 $g_t$ 随着质量调整的企业规模 $x_t$ 的不断增加而上升。在第四阶段，当质量调整的企业规模 $x_t$ 达到其稳态值 $x^*$ 时，人均产出的增长率 $g_t$ 也随之达到其稳态值 $g^*$，经济体达到它的平衡增长路径上。更强的专利保护使经济起飞的时间点提前（通过降低阈值 $x_N$），但是同时也使经济体的长期增长率下降（通过缩小质量调整的企业市场规模 $x^*$）。在最初阶段，更大的专利宽度使经济体的增长率 $g_t$ 更高。但是在某一时间点上，更大的专利宽度使经济体的增长率 $g_t$ 更低。

## 第三节　定量分析

本节定量地研究了增强专利保护对经济起飞的时间点以及对经济体长期增长率的影响。本节使用美国的数据对参数进行了校准。模型中的参数包括 $\{\rho, \alpha, \lambda, \sigma, \theta, \beta, \phi, \mu\}$。本章将主观贴现率 $\rho$ 设为 0.040，这是文献上通常设定的主观贴现率。本章还考虑了将主观贴现率 $\rho$ 设为 0.030 和 0.050 作为稳健性检验。本章根据亚科佩塔等（Iacopetta et al.，2019）将技术溢出的参数 $1-\alpha$ 设为 0.833，将产品种类多样化所带来的社会收益 $\sigma$ 设为 0.250。也就是说企业改进产品质量的研发的私人收益率 $\alpha$ 为 0.167，拥挤效应的参数 $1-\sigma$ 为

0.750。根据世界银行的数据，美国人口的长期增长率为每年 1%，因此 $\lambda =$ 0.010。 本章还考虑了将产品种类多样化所带来的社会收益的参数值 $\sigma$ 设为 0.100 和 0.500 作为稳健性检验，也就是说拥挤效应的参数 $1 - \sigma$ 为 0.900 和 0.500。本章将垄断价格加成（专利宽度）$\mu$ 设为 1.400，即价格加成为 40%。 根据琼斯和威廉姆斯（Jones and Williams，2000）的研究，美国宏观经济的价格 加成的范围在 1.100 到 1.400 之间，本章以这一范围的上限为基准进行参数校 准。本章还考虑了将垄断价格加成（专利宽度）$\mu$ 设为 1.300 作为稳健性检验。 接着，本章通过匹配如下美国数据对参数 $\{\theta, \beta, \phi\}$ 进行了校准。第一，根据 美国劳工统计局的数据，美国劳动力的收入份额为 60%。第二，根据世界银行 的数据，美国的个人消费占 GDP 的比重为 64%。第三，根据世界银行的数据， 美国实际人均 GDP 的增长率 $g_l$ 为每年 2%。通过校准得到的参数值如下。

**表 4 - 1  参数校准：专利保护**

| $\rho$ | $\alpha$ | $\theta$ | $\lambda$ | $\mu$ | $\sigma$ | $\beta$ | $\phi$ |
|---|---|---|---|---|---|---|---|
| 0.040 | 0.167 | 0.400 | 0.010 | 1.400 | 0.250 | 4.667 | 0.318 |

根据表 4 - 1 中的参数校准结果：中间产品的收入份额 $\theta$ 为 0.400，企业进 入成本的参数 $\beta$ 为 4.667，企业的固定运营成本的参数 $\phi$ 为 0.318。另外，本章 将公元 1700 年设为初始年份 $t_0$，并且根据文献对工业革命发生时间的研究，将 美国经济起飞的时间点设为 1800 年。同时，根据阈值 $x_N$ 的值，可以反推出质 量调整的企业市场规模的初始值 $x_0$ 为 0.789。接着本章研究了增强专利保护 （垄断价格加成）对质量调整的企业市场规模的两个阈值 $x_N$ 和 $x_Z$ 的影响，对经 济体中出现产品种类增加的创新的时间点（经济体起飞的时间点）$T_N$ 的影响， 对经济体中出现产品质量改进的创新的时间点 $T_Z$ 的影响，对质量调整的企业 市场规模的稳态值 $x^*$ 的影响，对产品种类增长率的稳态值 $n^*$ 的影响，对产品 质量改进增长率的稳态值 $z^*$ 的影响，以及对实际人均 GDP 增长率的稳态值 $g^*$ 的影响。

将 $\mu$ 从 1.400 提高到 1.410,阈值 $x_N$ 从 2.146 下降到 2.091;阈值 $x_Z$ 从 2.495 下降到 2.470;经济体中出现产品种类增加的创新的时间点(经济体起飞的时间点) $T_N$ 从 1800 年提前到 1797,提前了 3 年;经济体中出现产品质量改进的创新的时间点 $T_Z$ 从 1823 年推迟到 1825,推迟了 2 年;质量调整的企业市场规模的稳态值 $x^*$ 从 2.968 下降到 2.824;产品种类增长率的稳态值 $n^*$ 保持不变为 1.33%,因为产品种类增长率的稳态值 $n^* = \lambda/(1-\sigma)$ 仅取决于外生的人口增长率 $\lambda$ 和拥挤效应的参数 $1-\sigma$;产品质量改进增长率的稳态值 $z^*$ 从 1.67% 下降到 1.26%,下降了 0.41%;实际人均 GDP 增长率的稳态值 $g^*$ 从 2.00% 下降到 1.59%,下降了 0.41%(表 4-2)。

表 4-2　增强专利保护的作用

| | $x_N$ | $x_Z$ | $T_N$ | $T_Z$ | $x^*$ | $z^*$ | $g^*$ |
|---|---|---|---|---|---|---|---|
| $\mu = 1.400$ | 2.146 | 2.495 | 1800 | 1823 | 2.968 | 1.67% | 2.00% |
| $\mu = 1.410$ | 2.091 | 2.470 | 1797 | 1825 | 2.824 | 1.26% | 1.59% |

为了进一步直观地理解增强专利保护对经济体的动态路径的影响,图 4-6、图 4-7 和图 4-8 给出了模型仿真的结果。在图 4-6 中,虚线是通过模型仿真得到的美国实际人均 GDP 增长率从 1700 年到 2016 年的动态路径,实线是从 1801 年到 2016 年美国实际人均 GDP 增长率经过 HP 滤波得到的时间序列数据,该历史数据来自麦迪逊项目数据库。从图 4-6 中可以看出,本章的模型对美国实际人均 GDP 增长率的历史数据拟合较好。尽管进行了 HP 滤波,消除了美国实际人均 GDP 增长率的经济周期因素并且保留了趋势部分,美国实际人均 GDP 的增长率的波动幅度仍然较大。尤其是 1929 年到 1933 年的大萧条时期,美国实际人均 GDP 的增长率出现大幅的下降,并且实际人均 GDP 增长率的趋势部分由正变为负。随后的 1939 年到 1945 年第二次世界大战期间,美国实际人均 GDP 的增长率出现大幅的上升。最近一次是 2008 年的全球金融危机,美国实际人均 GDP 的增长率出现大幅的下降。但是,从图 4-6

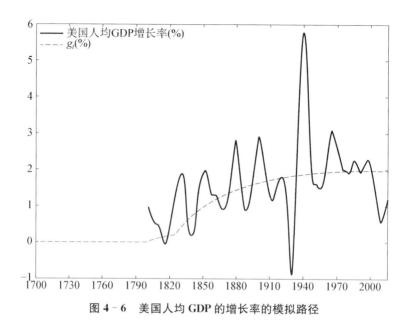

图 4 - 6　美国人均 GDP 的增长率的模拟路径

中仍然可以看出,从 1801 年到 2016 年美国实际人均 GDP 的增长率逐渐上升并且趋于平稳。

在图 4 - 7 中,实线是在 $\mu$ 等于 1.400 时,通过模型仿真得到的质量调整的企业规模 $x_t$ 从 1700 年到 2016 年的动态路径,虚线是在增强专利保护并且提高专利宽度使 $\mu$ 提高到 1.410 时,通过模型仿真得到的质量调整的企业规模 $x_t$ 从 1700 年到 2016 年的动态路径。从图 4 - 7 中可以看出,在一开始虚线与实线完全重合,但是之后虚线在实线的下方,并且两者之间的差距越来越大直到保持不变。也就是说专利宽度 $\mu$ 的增加压低了质量调整的企业市场规模 $x_t$ 的整个动态路径。图 4 - 7 中模型仿真的结果与图 4 - 4 中理论得出的结果完全一致。

在图 4 - 8 中,实线是在 $\mu$ 等于 1.400 时,通过模型仿真得到的实际人均 GDP 增长率 $g_t$ 从 1700 年到 2016 年的动态路径,虚线是在增强专利保护并且提高专利宽度使 $\mu$ 提高到 1.410 时,通过模型仿真得到的实际人均 GDP 增长率 $g_t$ 从 1700 年到 2016 年的动态路径。从图 4 - 8 中可以看出,在一开始虚线

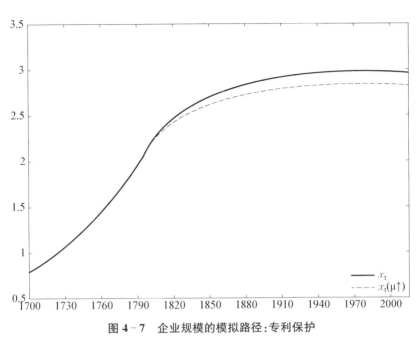

图 4 - 7　企业规模的模拟路径：专利保护

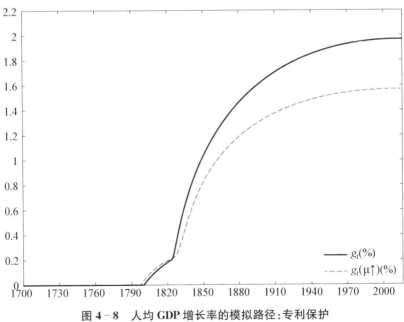

图 4 - 8　人均 GDP 增长率的模拟路径：专利保护

与实线完全重合并且都等于 0,但是之后虚线在实线的上方,并且虚线提前开始增长。最后实线反超了虚线,实线处于虚线的上方,并且两者之间的差距越来越大直到保持不变。也就是说最初经济体经历了实际人均 GDP 的增长率为 0 的阶段。接着增强专利保护使经济体起飞的时间点提前,并且使经济体实际人均 GDP 的增长率提高。但是,增强专利保护最终降低了实际人均 GDP 的增长率。图 4-8 中有两个折点,第一个折点代表了经济体中出现产品种类增加的创新,即经济体起飞,第二个折点代表了经济体中出现产品质量改进的创新。图 4-8 中模型仿真的结果与图 4-5 中理论得出的结果完全一致。

对于上述关于增强专利保护对经济体的动态影响,本节还对这些结果进行了稳健性检验。首先,考虑垄断价格加成 $\mu$ 的不同值对模型结果的影响。在将垄断价格加成 $\mu$ 设为一个更低的值 1.300 并且保持其他设定的参数值不变的情况下,同时通过匹配相同的美国数据对模型中的参数 $\{\theta, \beta, \phi\}$ 重新进行了校准。校准后的参数值分别为:中间产品的收入份额 $\theta$ 为 0.400,企业进入成本的参数 $\beta$ 为 4.333,企业的固定运营成本的参数 $\phi$ 为 0.188。仍然将公元 1700 年设为初始年份 $t_0$,将美国经济起飞的时间点设为 1800 年。同时,根据新的阈值 $x_N$ 的值,可以反推出质量调整的企业市场规模的初始值 $x_0$ 为 0.630。将 $\mu$ 从 1.300 提高到 1.310,阈值 $x_N$ 从 1.713 下降到 1.639;阈值 $x_Z$ 从 2.283 下降到 2.249;经济体中出现产品种类增加的创新的时间点(经济体起飞的时间点)$T_N$ 从 1800 年提前到 1796,提前了 4 年;经济体中出现产品质量改进的创新的时间点 $T_Z$ 从 1853 年推迟到 1869,推迟了 16 年;质量调整的企业市场规模的稳态值 $x^*$ 从 2.825 下降到 2.523;产品种类增长率的稳态值 $n^*$ 保持不变为 1.33%,因为产品种类增长率的稳态值 $n^* = \lambda/(1-\sigma)$ 仅取决于外生的人口增长率 $\lambda$ 和拥挤效应的参数 $1-\sigma$;产品质量改进增长率的稳态值 $z^*$ 从 1.67% 下降到 0.86%,下降了 0.81%;实际人均 GDP 增长率的稳态值 $g^*$ 从 2.00% 下降到 1.19%,下降了 0.81%(表 4-3)。

表 4-3　稳健性检验：垄断价格 $\mu$

|  | $x_N$ | $x_Z$ | $T_N$ | $T_Z$ | $x^*$ | $z^*$ | $g^*$ |
|---|---|---|---|---|---|---|---|
| $\mu = 1.300$ | 1.713 | 2.283 | 1800 | 1853 | 2.825 | 1.67% | 2.00% |
| $\mu = 1.310$ | 1.639 | 2.249 | 1796 | 1869 | 2.523 | 0.86% | 1.19% |

接着，考虑主观贴现率 $\rho$ 的不同值对模型结果的影响。在将主观贴现率 $\rho$ 设为一个更低的值 0.030 并且保持其他设定的参数值不变的情况下，同时通过匹配相同的美国数据对模型中的参数 $\{\theta, \beta, \phi\}$ 重新进行了校准。校准后的参数值分别为：中间产品的收入份额 $\theta$ 为 0.400，企业进入成本的参数 $\beta$ 为 7.000，企业的固定运营成本的参数 $\phi$ 为 0.185。仍然将公元 1700 年设为初始年份 $t_0$，将美国经济起飞的时间点设为 1800 年。同时，根据新的阈值 $x_N$ 的值，可以反推出质量调整的企业市场规模的初始值 $x_0$ 为 0.459。将 $\mu$ 从 1.400 提高到 1.410，阈值 $x_N$ 从 1.249 下降到 1.217；阈值 $x_Z$ 从 1.659 下降到 1.643；经济体中出现产品种类增加的创新的时间点（经济体起飞的时间点）$T_N$ 从 1800 年提前到 1797，提前了 3 年；经济体中出现产品质量改进的创新的时间点 $T_Z$ 从 1849 年推迟到 1855，推迟了 6 年；质量调整的企业市场规模的稳态值 $x^*$ 从 2.123 下降到 1.983；产品种类增长率的稳态值 $n^*$ 保持不变为 1.33%，因为产品种类增长率的稳态值 $n^* = \lambda/(1-\sigma)$ 仅取决于外生的人口增长率 $\lambda$ 和拥挤效应的参数 $1-\sigma$；产品质量改进增长率的稳态值 $z^*$ 从 1.67% 下降到 1.23%，下降了 0.44%；实际人均 GDP 增长率的稳态值 $g^*$ 从 2.00% 下降到 1.56%，下降了 0.44%（表 4-4）。

采用相同的方法，在将主观贴现率 $\rho$ 设为一个更高的值 0.050 并且保持其他提前设定的参数值不变的情况下，同时通过匹配相同的美国数据对模型中的参数 $\{\theta, \beta, \phi\}$ 重新进行了校准。校准后的参数值分别为：中间产品的收入份额 $\theta$ 为 0.400，企业进入成本的参数 $\beta$ 为 3.500，企业的固定运营成本的参数 $\phi$ 为 0.443。仍然将公元 1700 年设为初始年份 $t_0$，将美国经济起飞的时间点设为 1800 年。同时，根据新的阈值 $x_N$ 的值，可以反推出质量调整的企业市场规模

的初始值 $x_0$ 为 1.099。将 $\mu$ 从 1.400 提高到 1.410,阈值 $x_N$ 从 2.987 下降到 2.911;阈值 $x_Z$ 从 3.299 下降到 3.266;经济体中出现产品种类增加的创新的时间点(经济体起飞的时间点) $T_N$ 从 1800 年提前到 1797,提前了 3 年;经济体中出现产品质量改进的创新的时间点 $T_Z$ 从 1814 年推迟到 1816,推迟了 2 年;质量调整的企业市场规模的稳态值 $x^*$ 从 3.778 下降到 3.617;产品种类增长率的稳态值 $n^*$ 保持不变为 1.33%,因为产品种类增长率的稳态值 $n^* = \lambda/(1-\sigma)$ 仅取决于外生的人口增长率 $\lambda$ 和拥挤效应的参数 $1-\sigma$;产品质量改进增长率的稳态值 $z^*$ 从 1.67% 下降到 1.23%,下降了 0.44%;实际人均 GDP 增长率的稳态值 $g^*$ 从 2.00% 下降到 1.56%,下降了 0.44%(表 4-4)。

表 4-4　稳健性检验:贴现率 $\rho$

| | | $x_N$ | $x_Z$ | $T_N$ | $T_Z$ | $x^*$ | $z^*$ | $g^*$ |
|---|---|---|---|---|---|---|---|---|
| $\rho = 0.030$ | $\mu = 1.400$ | 1.249 | 1.659 | 1800 | 1849 | 2.123 | 1.67% | 2.00% |
| | $\mu = 1.410$ | 1.217 | 1.643 | 1797 | 1855 | 1.983 | 1.23% | 1.56% |
| $\rho = 0.050$ | $\mu = 1.400$ | 2.987 | 3.299 | 1800 | 1814 | 3.778 | 1.67% | 2.00% |
| | $\mu = 1.410$ | 2.911 | 3.266 | 1797 | 1816 | 3.617 | 1.23% | 1.56% |

　　最后,考虑产品种类多样化所带来的社会收益的参数值 $\sigma$ 的不同值对模型结果的影响。在将产品种类多样化所带来的社会收益的参数值 $\sigma$ 设为一个更低的值 0.100 并且保持其他设定的参数值不变的情况下,同时通过匹配相同的美国数据对模型中的参数 $\{\theta, \beta, \phi\}$ 重新进行了校准。校准后的参数值分别为:中间产品的收入份额 $\theta$ 为 0.400,企业进入成本的参数 $\beta$ 为 4.667,企业的固定运营成本的参数 $\phi$ 为 0.350。仍然将公元 1700 年设为初始年份 $t_0$,将美国经济起飞的时间点设为 1800 年。同时,根据新的阈值 $x_N$ 的值,可以反推出质量调整的企业市场规模的初始值 $x_0$ 为 0.869。将 $\mu$ 从 1.400 提高到 1.410,阈值 $x_N$ 从 2.361 下降到 2.301;阈值 $x_Z$ 从 2.597 下降到 2.567;经济体中出现产品种类增加的创新的时间点(经济体起飞的时间点) $T_N$ 从 1800 年提前到 1797,提前了 3 年;经济体中出现产品质量改进的创新的时间点 $T_Z$ 从 1812 年推迟到

1813,推迟了1年;质量调整的企业市场规模的稳态值 $x^*$ 从3.109下降到2.971;产品种类增长率的稳态值 $n^*$ 保持不变为1.11%,因为产品种类增长率的稳态值 $n^* = \lambda/(1-\sigma)$ 仅取决于外生的人口增长率 $\lambda$ 和拥挤效应的参数 $1-\sigma$;产品质量改进增长率的稳态值 $z^*$ 从1.89%下降到1.51%,下降了0.38%;实际人均GDP增长率的稳态值 $g^*$ 从2.00%下降到1.62%,下降了0.38%。采用相同的方法,在将产品种类多样化所带来的社会收益的参数值 $\sigma$ 设为一个更高的值0.500并且保持其他设定的参数值不变的情况下,同时通过匹配相同的美国数据对模型中的参数 $\{\theta, \beta, \phi\}$ 重新进行了校准。校准后的参数值分别为:中间产品的收入份额 $\theta$ 为0.400,企业进入成本的参数 $\beta$ 为4.667,企业的固定运营成本的参数 $\phi$ 为0.239。仍然将公元1700年设为初始年份 $t_0$,将美国经济起飞的时间点设为1800年。同时,根据新的阈值 $x_N$ 的值,可以反推出质量调整的企业市场规模的初始值 $x_0$ 为0.594。将 $\mu$ 从1.400提高到1.410,阈值 $x_N$ 从1.614下降到1.579;阈值 $x_Z$ 从2.321下降到2.311;经济体中出现产品种类增加的创新的时间点(经济体起飞的时间点)$T_N$ 从1800年提前到1797,提前了3年;经济体中出现产品质量改进的创新的时间点 $T_Z$ 从1885年推迟到1913,推迟了28年;质量调整的企业市场规模的稳态值 $x^*$ 从2.623下降到2.450;产品种类增长率的稳态值 $n^*$ 保持不变为2.00%,因为产品种类增长率的稳态值 $n^* = \lambda/(1-\sigma)$ 仅取决于外生的人口增长率 $\lambda$ 和拥挤效应的参数 $1-\sigma$;产品质量改进增长率的稳态值 $z^*$ 从1.00%下降到0.46%,下降了0.54%;实际人均GDP增长率的稳态值 $g^*$ 从2.00%下降到1.46%,下降了0.54%(表4-5)。

表4-5　稳健性检验:产品种类多样化的社会收益 $\sigma$

| | | $x_N$ | $x_Z$ | $T_N$ | $T_Z$ | $x^*$ | $z^*$ | $g^*$ |
|---|---|---|---|---|---|---|---|---|
| $\sigma = 0.1$ | $\mu = 1.400$ | 2.361 | 2.597 | 1800 | 1812 | 3.109 | 1.89% | 2.00% |
| | $\mu = 1.410$ | 2.301 | 2.567 | 1797 | 1813 | 2.971 | 1.51% | 1.62% |
| $\sigma = 0.5$ | $\mu = 1.400$ | 1.614 | 2.321 | 1800 | 1885 | 2.623 | 1.00% | 2.00% |
| | $\mu = 1.410$ | 1.579 | 2.311 | 1797 | 1913 | 2.450 | 0.46% | 1.46% |

由以上定量分析可知,增强专利保护降低了产品种类增加的水平型创新和产品质量改进的垂直型创新这两种类型创新出现的两个阈值 $x_N$ 和 $x_Z$。增强专利保护使产品种类增加的创新出现的时间点提前(即经济体起飞的时间点提前),但是增强专利保护推迟了经济体中出现产品质量改进创新的时间点。增强专利保护缩小了质量调整的企业市场规模的稳态值 $x^*$,并且降低了产品质量改进增长率的稳态值 $z^*$ 和实际人均 GDP 增长率的稳态值 $g^*$。但是增强专利保护对产品种类增长率的稳态值 $n^*$ 没有影响,因为产品种类增长率的稳态值由外生的人口增长率和拥挤效应决定。上述这些结果在合理的参数范围内是稳健的。

## 第四节 本章总结

本章在内生经济起飞的熊彼特增长模型中分析了知识产权的作用,并得到了如下结论。更强的专利保护通过增加企业的利润,增加了企业进行研发和创新的激励,使经济体起飞的时间点提前。但是,更强的专利保护通过增加市场中中间产品种类的数量,缩小了每种中间产品的市场规模,同时也降低了企业改进产品质量的研发和创新的激励,最终降低了经济体的长期增长率。本章发现知识产权在一个经济体不同的发展阶段对创新、技术进步和人均产出增长率的不同作用与关于工业革命的历史证据一致,并且与文献中关于专利制度对经济长期增长作用的实证发现一致。本章的定量分析也支持了上述理论分析的结论。英国相比美国更早地建立了完善的专利制度,工业革命首先在英国诞生,但是最终英国的人均 GDP 的增长率低于美国。

莫基尔(Mokyr,2009)就知识产权对工业革命的重要性提出了一些质疑,本章的研究可以在一定程度上回应这些质疑。莫基尔(Mokyr,2009)的质疑主要包括以下两点。第一,英国建立相对完善的专利制度的时间比工业革命发生的时间早了 100 多年。第二,工业革命时代的许多发明并没有申请专利。通过本章的研究可知,更强的专利保护并不会导致经济体立刻起飞,但是会使经济体起飞的时间点提前,这回应了莫基尔(Mokyr,2009)的第一点质疑。虽然本章的模型并没有研究未申请专利的发明的作用,但是即使模型中同时包含了申请专利的发明和未申请专利的发明,两个市场之间的无套利条件意味着当申请专利的发明的收益率上升时,未申请专利的发明的收益率也会同时上升。因此,增强专利保护不仅会提高受到专利保护的发明的回报率,同时也会提高未受到专利保护的发明的回报率。

为了使模型更加简洁,本章的研究仅考虑了封闭经济的情况。在开放经济中,增强专利保护除了使本国更早地出现创新和技术进步,同时也会对其他国家产生重要影响。一方面,本国的创新和技术进步会对其他国家产生技术溢出。另一方面,由于本国经济的起飞时间相比其他国家经济的起飞时间更早,这可能会导致正在工业化的本国专业化生产工业产品,而其他国家专业化生产农业产品,并且推迟其他国家经济起飞的时间①。由于本研究旨在讨论专利制度在一个经济体不同增长阶段对创新和人均产出增长率的不同作用机制,对模型这一有趣的扩展留给未来研究。

在只包含水平型创新或垂直型创新其中一种类型创新的模型中,专利保护强度的提升一般来说会导致经济增长和技术进步加快。但是,当模型中同时包含水平型创新和垂直型创新时,专利保护强度的增大一方面会通过降低行业内竞争刺激行业内创新,但同时企业利润的增加会刺激更多企业进入市场,这会增强行业间的竞争并反过来降低每个行业的利润,结果导致行业内创新下降。

专利保护的最终效应取决于进入成本的假设。如果假设进入成本与现有行业的平均规模成正比,那么专利保护的提升一方面会增加每一期企业的利润以及企业的市场价值。另一方面垄断价格的上升会缩小企业的规模并降低进入成本。由于这两个效应都会增加企业的进入,由此带来的对行业内创新的负

---

① 见盖勒和芒福德(Galor and Mountford,2008)的讨论。

面效应将会超过由垄断价格上升带来的正向效应,因此稳态时的技术进步率和经济增长速度将会下降。如果假设进入成本与现有行业的平均技术水平成正比,那么专利保护的增强只产生提高企业市场价值的效果,并不会降低企业的进入成本。此时,企业进入带来的行业内创新的负面效应与由垄断价格上升带来的正向效应刚好抵消,因此稳态时的技术进步率和经济增长速度将不会受到专利保护强度改变的影响。但是,在经济体处于转移动态的过程中,给定企业的生产规模,专利保护的增强会导致技术进步率和经济增长速度的提高。

在本章的模型中,经济体中最终会同时具有产品种类增加的创新和产品质量改进的创新这两种类型的创新。但是,这种情况需要参数满足式(4-23)中的条件。也就是说经济体中可能只存在产品种类增加的创新和技术进步,而不会出现产品质量改进的创新和技术进步。这是因为在最初阶段,随着人口规模的不断扩大,由于企业数量是固定不变的,每个企业的市场规模最终将会达到第一个阈值 $x_N$,经济体中一定会出现产品种类增加的创新和技术进步。但是,随着新产品和企业不断进入市场,如果市场中的中间产品种类过多,每个企业的市场规模有可能在达到第二个阈值 $x_Z$ 之前就停止了增长,经济体中将不会出现产品质量改进的创新和技术进步,人均产出的增长率也将收敛到一个更低的稳态值上。

# 第五章　研发补贴与经济增长

　　本章在混合增长模型——经济体中既有可能出现半内生增长也有可能出现内生增长——中研究了研发补贴的作用。[①] 在模型中有两种类型的研发补贴,一种类型的研发补贴是对产品种类增加创新的研发补贴,另外一种类型的研发补贴是对产品质量改进创新的研发补贴。本章的内容安排如下:第一节是引言,简要概述了本章的主要内容和结论,讨论了研究研发补贴对创新和经济增长率影响的文献。第二节是理论模型,通过将两种类型的研发补贴纳入内生经济起飞的熊彼特增长模型,研究了研发补贴对一个经济体从起飞、转移动态到平衡增长路径的影响,重点研究了对产品种类扩张创新的研发补贴和对产品质量改进创新的研发补贴在一个经济体的不同增长阶段对创新和经济体增长率的不同作用机制。第三节是定量分析,使用美国的数据对模型中的参数进行了校准,并且研究了参数值的范围与模型中出现半内生增长还是内生增长之间的关系。第四节是总结,对前三节的内容进行了总结,并且结合现有文献和数据对理论模型和定量分析的结果作了进一步的讨论。

## 第一节　引言

　　本章在内生增长模型的理论框架下研究了研发补贴的作用,主要贡献之一是在混合内生增长模型中研究了研发补贴的作用。在这个模型中,经济体在长期既有可能出现半内生增长,也有可能出现内生增长。本章使用的理论模型基

---

[①] 　本章的主要内容已经发表于《宏观经济动态》(*Macreconomic Dynamics*),第 26 卷。

于佩雷托(Peretto，2015)内生经济起飞的熊彼特增长模型。在第一个阶段，当人口规模较小时，企业的市场规模较小，经济体的人均产出增长率为0，经济体处于停滞阶段。在这个模型中人口规模在决定企业的市场规模方面起到了决定性作用，也就是说人口规模的增长扩大了企业的市场规模。随着人口规模的不断扩大，企业的市场规模也随之变大。当企业的市场规模随着人口的不断增长变得足够大并且达到一个内生的阈值时，经济体中出现了创新和技术进步，人均产出开始增长，经济体进入第二个阶段。经济体中一定会出现新产品的发明，即产品种类扩张的创新。在这一阶段，随着人口的不断增长，企业的市场规模进一步扩张，企业的研发收益不断增加，经济体的增长率不断上升。但是此时经济体中还没有出现产品质量的改进，即产品质量改进的创新，因为要出现产品质量改进的创新需要企业的市场规模达到一个更高的阈值。

尽管经济体最终将会出现新产品的发明（即产品种类扩张的创新），但是经济体中不一定会出现产品质量的改进（即产品质量改进的创新）。如果企业的市场规模在达到第二个更高的阈值之前停止增长，则经济体中只有产品种类扩张的创新。此时，企业的市场规模将收敛到一个较低的稳态值上，经济体在平衡增长路径上出现的是半内生增长。但是，如果每个企业的市场规模继续增长并且达到了第二个更高的阈值，经济体中开始出现产品质量改进的创新，经济体进入第三个阶段。此时，经济体中既有产品种类扩张的创新，也有产品质量改进的创新。在长期，企业的市场规模将收敛到一个较高的稳态值上，经济体在平衡增长路径上出现的是内生增长。换言之，该模型将半内生增长模型（经济体的长期增长率只取决于人口的增长率并且不受政策的影响）和第二代内生增长模型（经济体的长期增长率是内生的并且受到政策的影响）结合在一起，并且将半内生增长模型和第二代内生增长模型作为该模型的特例。

在上述的内生经济增长的理论框架下，本章研究了两种类型的研发补贴——对产品种类增加创新的研发补贴和对产品质量改进创新的研发补贴，并得出了如下结论。在内生增长和半内生增长这两种情况下，对产品种类增加创新的研发补贴对经济增长的作用不同。在模型中出现半内生增长的情况下,提高对产品种类扩张创新的研发补贴率使产品种类增加创新发生的时间点提前,并且提高了经济体处于转移动态路径上的增长率,但是对经济体的长期稳态增长率没有影响。在模型中出现内生增长的情况下,提高对产品种类增加创新的研发补贴率使产品种类增加创新发生的时间点提前,并且提高了经济体的短期增长率。但是提高对产品种类增加创新的研发补贴率推迟了产品质量改进创新发生的时间点,并且降低了经济体的长期增长率。在模型中出现半内生增长的情况下,对产品质量改进创新的研发补贴对经济增长不起作用,因为在这种情况下,经济体中不会出现产品质量改进的创新。在模型中出现内生增长的情况下,提高对产品质量改进创新的研发补贴率使产品质量改进创新发生的时间点提前,并且提高了经济体处于转移动态路径上的增长率和经济体处于稳态时的长期增长率。提高对产品质量改进创新的研发补贴率使内生增长的情况在均衡中更有可能出现,而提高对产品种类扩张创新的研发补贴率使半内生增长的情况在均衡中更有可能出现。产生这些结论的经济学直觉将会在下文中讨论。最后,本章对模型进行了参数校准,并且发现在合理的参数值范围内,内生增长的情况更有可能出现。

本章与研究创新和经济增长之间的关系的文献相关。罗默(Romer,1990)首先提出了基于研发的内生增长模型,在这个模型中创新是由新产品的发明所驱动的。阿吉翁和豪伊特(Aghion and Howitt,1992)提出了熊彼特质量阶梯增长模型,在这个模型中,创新是由现有产品质量的改进所驱动的。[①] 琼斯(Jones,1995a,1995b)指出上述研究的结论与从现实数据中发现的结果相矛盾。在上述模型中,人口规模对经济增长具有规模效应,即经济体的人口规模越大,经济体的长期增长率就越高。但是在现实数据中并不存在这种人口规模

---

① 相关文献见西格斯托姆等(Segerstrom et al.,1990)及格罗斯曼和赫尔普曼(Grossman and Helpman,1991a)。

对长期经济增长的规模效应,因此他提出了半内生增长模型。在半内生增长模型中,经济体的长期稳态增长率与经济体的人口规模无关。[1] 斯马尔德斯和范德克伦德特(Smulders and van de Klundert,1995),佩雷托(Peretto,1998,1999)及豪伊特(Howitt,1999)将产品种类扩张的创新和产品质量改进的创新这两个维度的创新结合起来,提出了第二代内生市场结构的熊彼特增长模型,该模型通过产品种类的内生增长消除了规模效应。[2] 本章在第二代熊彼特增长模型中研究了研发补贴的作用,并且重点研究了研发补贴在半内生增长和内生增长这两种情况下的不同作用。[3]

其他文献也在基于研发的内生增长模型中研究了研发补贴的作用,比如西格斯托姆(Segerstrom,1998)、林环墙(Lin,2002)、曾金利和张捷(Zeng and Zhang,2007)、因普利蒂(Impullitti,2010)、朱智豪和科齐(Chu and Cozzi,2018)、杨毅柏(Yang,2018)和胡等(Hu et al.,2019)。这些研究只关注了产品种类扩张的创新和产品质量改进的创新这两种创新中的一种。只有少数的一些文献,比如西格斯托姆(Segerstrom,2000)和朱智豪等(Chu et al.,2016),在具有两个维度创新的熊彼特增长模型中研究了研发补贴的作用。但是,这些文献都没有研究研发补贴对这两种类型创新的内生出现的影响。

本章与研究内生经济起飞和经济增长之间的关系的文献相关。盖勒和韦尔(Galor and Weil,2000)及盖勒和莫阿夫(Galor and Moav,2002)开创性地提出了统一增长理论。[4] 统一增长理论发现,生育和人力资本积累之间的质

---

[1] 相关文献见格罗斯曼和赫尔普曼(Grossman and Helpman,1991b,pp. 75-76),他们预见到了半内生增长模型。

[2] 兰茨和佩雷托(Laincz and Peretto,2006)及哈和豪伊特(Ha and Howitt,2007)给出了支持第二代内生增长模型的实证证据。

[3] 相关文献见科齐(Cozzi,2017a,2017b),他提出了一般化的基于创新的内生增长模型,该模型产生了半内生增长和内生增长。

[4] 其他关于内生经济起飞的早期研究包括琼斯(Jones,2001)及汉森和普雷斯科特(Hansen and Prescott,2002)。

量—数量权衡使一个国家可以摆脱马尔萨斯陷阱并使经济体出现内生起飞。[①] 人力资本是经济增长的一个重要引擎,而创新是经济增长的另外一个重要引擎。本章研究佩雷托(Peretto,2015)提出的内生经济起飞的熊彼特增长模型,在该模型中内生经济起飞是由企业的研发创新和技术进步所驱动的。该模型同时包含了产品质量改进的创新和产品种类增加的创新这两种类型的创新。本章的一个主要贡献是将研发补贴纳入佩雷托模型,研究了对产品种类增加创新的研发补贴和对产品质量改进创新的研发补贴这两种类型的研发补贴分别对产品种类扩张的创新和对产品质量改进的创新这两种类型创新的内生出现的影响,并且研究了模型在半内生增长和内生增长之间的内生决定。

上一章在内生经济起飞的熊彼特增长模型中研究了专利保护在一个经济体从停滞、起飞到平衡增长路径上的整个动态过程的作用。在该模型中,经济体的增长一共经历了四个阶段,即停滞、产品种类增加的技术进步、产品种类增加的技术进步和产品质量改进的技术进步以及平衡增长路径。本章在内生经济起飞的混合增长模型中研究了研发补贴在一个经济体从停滞、起飞到平衡增长路径上的整个动态过程的作用。在该模型中,经济体可能出现半内生增长,此时经济体的整个动态路径一共有三个阶段。经济体也有可能出现内生增长,此时经济体的整个动态路径一共有四个阶段。两种增长状态之间的区别是,在半内生增长模型中只存在产品种类增加的创新和技术进步,而在内生增长模型中同时存在产品种类增加和产品质量改进这两种类型的创新和技术进步。也就是说在模型中出现半内生增长的情况下,经济体先后经历了停滞、产品种类增加的技术进步和平衡增长路径。在模型中出现内生增长的情况下,经济体先后经历了停滞、产品种类增加的技术进步、产品种类增加的技术进步和产品质

---

① 近期一些为统一增长理论提供实证证据的研究包括盖勒和芒福德(Galor and Mountford,2008)及阿什拉夫和盖勒(Ashraf and Galor,2011)。盖勒(Galor,2011)对统一增长理论进行了总结。

量改进的技术进步以及平衡增长路径。因此,上一章中的内生经济起飞的熊彼特增长模型是本章模型的一个特例。另外,本章研究了两种类型的研发补贴对一个经济体不同增长阶段的作用。对产品种类增加创新的研发补贴和对产品质量改进创新的研发补贴尽管不会改变整个经济体的市场规模,但是这两种类型的研发补贴通过改变企业研发新产品的研发成本和企业改进产品质量的研发成本,改变了企业研发新产品的研发投入和改进产品质量的研发投入以及市场中产品的数量和每个产品的市场规模,进而影响了经济体的长期增长率。

## 第二节　理论模型

本节的理论模型基于佩雷托(Peretto,2015)的内生经济起飞的熊彼特增长模型,在该模型中有两种类型的创新:一种类型的创新是中间产品种类不断增加的创新,即水平型创新;另外一种类型的创新是中间产品质量不断改进的创新,即垂直型创新。其中产品种类的内生增长产生了稀释效应并且消除了规模效应。在该模型中,劳动力和中间产品作为要素投入被最终产品生产企业用于生产最终产品。最终产品被用于消费,并且作为要素投入被中间产品生产企业用于改进产品质量的研发,生产中间产品,支付进入成本和运营成本。每一种中间产品由一个垄断企业进行生产,因此中间产品的数量等于企业的数量。本章将两种类型的研发补贴——对产品种类增加创新的研发补贴和对产品质量改进创新的研发补贴——纳入佩雷托(Peretto,2015)的模型中,并且分析了这两种类型的研发补贴对一个经济体从起飞、转移动态到平衡增长路径上的影响。

一、模型设定

经济体中代表性家庭的效用函数为:

$$U = \int_0^\infty e^{-(\rho-\lambda)t} \ln c_t dt \qquad (5-1)$$

其中，$c_t \equiv C_t/L_t$ 为 $t$ 时刻代表性家庭的人均消费水平，$C_t$ 为代表性家庭对最终产品(计价物)的总消费水平，$\rho > 0$ 为主观贴现率。总人口以一个外生不变的增长率 $\lambda \in (0, \rho)$ 增长，①将初始的人口规模标准化为 1，因此时刻 $t$ 经济体的总人口为 $L_t = e^{\lambda t}$。代表性家庭最大化其效用函数(5-1)，其预算约束条件为：

$$\dot{a}_t = (r_t - \lambda)a_t + (1 - \tau)w_t - c_t \tag{5-2}$$

其中，$a_t \equiv A_t/L_t$ 为代表性家庭中每个成员所持有的人均实际资产，$A_t$ 为代表性家庭的总资产，$r_t$ 为实际利率。代表性家庭中每个成员提供一单位劳动力，实际工资为 $w_t$。$\tau \in (0, 1)$ 是外生的劳动所得税率。②由家庭的动态最优化可得如下欧拉方程：

$$\frac{\dot{c}_t}{c_t} = r_t - \rho \tag{5-3}$$

该欧拉方程的经济学含义是：人均消费的增长率等于实际利率减去代表性家庭的主观贴现率。实际利率越高，人均消费的增长率就越高。代表性家庭的主观贴现率越高，人均消费的增长率就越低。实际利率越高，代表性家庭放弃一部分当期消费进行储蓄以获得更多的未来消费的动机也就越强。这是因为实际利率越高，代表性家庭进行储蓄的收益率就越高，未来可以获得的收入也就越多。代表性家庭的主观贴现率越高，代表性家庭增加当期消费而减少储蓄以获得更多的当期效用的动机也就越强。这是因为代表性家庭的主观贴现率越高，代表性家庭未来消费的效用的贴现值就越低，当期消费就越重要。

最终产品由完全竞争市场中的企业生产，最终产品的生产函数为：

$$Y_t = \int_0^{N_t} X_t^\theta(i)[Z_t^a(i)Z_t^{1-a}L_t/N_t^{1-\sigma}]^{1-\theta}di \tag{5-4}$$

---

① 假设 $\lambda < \rho$ 是为了确保经济体将收敛到平衡增长路径上。

② 这里假设政府通过对劳动收入征税为研发补贴进行融资。采用这一假设的原因是，本章的模型假设劳动力的供给是无弹性的，对劳动收入征税并不会改变劳动力的供给。因此，对劳动收入征税不会产生扭曲效应，这样就大大简化了本章的分析。

其中 $\{\theta, \alpha, \sigma\} \in (0, 1)$。$X_t(i)$ 为非耐用中间产品的数量，$i \in [0, N_t]$ 为市场中已经被研发出来并且正在生产的中间产品的种类数。中间产品 $X_t(i)$ 的生产率取决于该中间产品的质量 $Z_t(i)$ 和所有中间产品的平均质量 $Z_t \equiv \int_0^{N_t} Z_t(j)dj/N_t$，其中 $Z_t$ 体现了各种中间产品之间的技术溢出。中间产品质量的私人收益率由参数 $\alpha$ 决定，技术溢出的程度由参数 $1-\alpha$ 决定。$\alpha$ 越大，中间产品垄断企业提高自己产品质量的研发收益率就越高。参数 $1-\sigma$ 决定了产品种类增加所带来的拥挤效应，参数 $\sigma$ 决定了产品种类增加的社会回报率。$\sigma$ 越高，新产品的发明所带来的社会收益就越高，产品种类的增加所带来的拥挤效应就越小。当 $\sigma \to 0$ 时，新产品的发明所带来的社会收益趋近于 0，产品种类的增加不会提高人均收入。当 $\sigma \to 1$ 时，新产品的发明所带来的拥挤效应趋近于 0，产品种类的增加不会降低每种中间产品的需求。参数 $\theta$ 决定了各种中间产品之间的替代弹性。$\theta$ 越大，各种中间产品之间的替代弹性也就越大，每个中间产品的垄断企业可以索要的垄断价格就越低，每个中间产品的垄断企业的利润也就越低。该生产函数对于中间产品和劳动力来说是规模报酬不变的。也就是说如果所有中间产品的投入量和劳动力的投入量同时扩大一倍，那么最终产品的产量也将扩大一倍。

由最终产品生产企业的利润最大化可得劳动力 $L_t$ 和中间产品 $X_t(i)$ 的条件需求函数分别为：

$$L_t = (1-\theta)Y_t/w_t \qquad (5-5)$$

$$X_t(i) = \left(\frac{\theta}{p_t(i)}\right)^{1/(1-\theta)} Z_t^\alpha(i)Z_t^{1-\alpha}L_t/N_t^{1-\sigma} \qquad (5-6)$$

其中 $p_t(i)$ 为中间产品 $X_t(i)$ 的价格。本章将最终产品的价格标准化为 1。随着实际工资的上升，最终产品生产企业对劳动力的需求量下降。随着中间产品价格的上升，最终产品生产企业对中间产品的需求量下降。随着中间产品质量的提高，最终产品生产企业对中间产品的需求量上升。给定中间产品的种类数,随着人口规模的扩大,最终产品生产企业对中间产品的需求量上升。给定人口规模,随着中间产品种类数的增加,最终产品生产企业对每一种中间产品的需求量下降。最终产品市场是完全竞争的,因此中间产品的收入份额为 $\theta Y_t = \int_0^{N_t} p_t(i)X_t(i)di$。

中间产品市场是垄断竞争的,每一种差异化的中间产品由一个垄断企业进行生产。中间产品的生产技术是线性的,中间产品垄断企业用 $X_t(i)$ 单位的最终产品生产 $X_t(i)$ 单位的中间产品,$i \in [0, N_t]$。因此,行业 $i$ 中的垄断企业生产质量为 $Z_t(i)$ 的中间产品 $X_t(i)$ 的边际成本为1。每个中间产品的垄断企业需要支付 $\phi Z_t^a(i)Z_t^{1-a}$ 单位的最终产品作为固定运营成本,①企业的运营成本随着技术水平的提高而增加。另外,中间产品生产企业投入 $I_t(i)$ 单位的最终产品进行企业内部研发并改进产品的质量,其研发函数为:

$$\dot{Z}_t(i) = I_t(i) \tag{5-7}$$

中间产品生产企业在时刻 $t$ (研发前)的利润函数为:

$$\Pi_t(i) = [p_t(i)-1]X_t(i) - \phi Z_t^a(i)Z_t^{1-a} \tag{5-8}$$

行业 $i$ 中的中间产品垄断企业的市场价值为:

$$V_t(i) = \int_t^{\infty} \exp\left(-\int_t^v r_u du\right)[\Pi_v(i)-(1-s_Z)I_v(i)]dv \tag{5-9}$$

其中,$s_Z \in (0,1)$ 是对产品质量改进创新的研发补贴率,提高对产品质量改进创新的研发补贴率 $s_Z$ 降低了企业改进产品质量的研发成本。中间产品垄断企业根据中间产品需求函数(5-6)、研发函数(5-7)及其利润函数(5-8)最大化其市场价值(5-9)。在引理5.1的证明中给出了上述动态最优问题的解,并得出企业利润最大化的价格加成为 $1/\theta$。因此,行业 $i$ 中的中间产品的均衡价

---

① 这里假设企业的固定运营成本随着中间产品质量的提高而上升,这一假设保证了经济体将收敛到平衡增长路径上。

格为:[1]

$$p_t(i) = 1/\theta \tag{5-10}$$

根据文献中通常的做法,本章考虑对称均衡,即所有行业 $i \in [0, N_t]$ 中的中间产品的质量相同 $Z_t(i) = Z_t$,因此所有行业中的中间产品垄断企业的市场规模也相同 $X_t(i) = X_t$。[2] 定义如下质量调整的企业规模为:

$$x_t \equiv \frac{X_t}{Z_t} \tag{5-11}$$

将式(5-10)代入式(5-6),并且根据对称均衡可得:

$$x_t = \theta^{2/(1-\theta)} \frac{L_t}{N_t^{1-\sigma}} \tag{5-12}$$

质量调整的企业规模 $x_t$ 是一个状态变量并决定了整个经济体的动态。引理5.1给出了中间产品质量改进的研发回报率 $r_t^q$,它随着质量调整的企业规模 $x_t$ 和对产品质量改进的研发补贴率 $s_Z$ 的增加而上升。

由引理5.1可知,参数 $\alpha$ 越大,中间产品垄断企业提高自己产品质量的研发收益率 $r_t^q$ 就越高。给定质量调整的企业规模 $x_t$,对产品质量改进创新的研发补贴率 $s_Z$ 越高,中间产品垄断企业改进产品质量的研发成本就越低,中间产品垄断企业提高自己产品质量的研发收益率 $r_t^q$ 就越高。给定其他条件不变,质量调整的企业规模 $x_t$ 越大,中间产品垄断企业提高自己的产品质量的研发收益率 $r_t^q$ 就越高。给定质量调整的企业规模 $x_t$,参数 $\phi$ 越大,中间产品垄断企业提高自己产品质量的研发收益率 $r_t^q$ 就越低。但是对产品质量改进创新的研发补贴率 $s_Z$ 和参数 $\phi$ 本身也会影响到企业的市场规模 $x_t$。

---

[1] 或者可以将专利政策参数纳入模型,并且对均衡价格施加一个上限。比如朱智豪等(Chu et al.,2020)在佩雷托模型中分析了专利政策的作用,但是他们只关注了内生增长的情况,并没有考虑半内生增长的情况。

[2] 对称均衡同时也意味着 $\Pi_t(i) = \Pi_t$、$I_t(i) = I_t$ 和 $V_t(i) = V_t$。

**引理 5.1** 企业改进中间产品质量的研发回报率为：

$$r_t^q = \frac{\alpha}{1-s_Z} \frac{\Pi_t}{Z_t} = \frac{\alpha}{1-s_Z} \left( \frac{1-\theta}{\theta} x_t - \phi \right) \tag{5-13}$$

**证明：**见附录。

根据文献中标准的处理方法，本章假设企业进入市场时的技术水平为市场的平均技术水平 $Z_t$，这保证了在任一时点 $t$ 经济体处于对称均衡状态。一个进入企业支付 $\beta X_t$ 单位的最终产品研发出一种新的中间产品并且进入市场，$\beta > 0$ 是进入成本参数，$X_t$ 代表了企业的进入成本与其初始的生产规模正相关。中间产品的资产定价方程意味着中间产品的资产回报率为：

$$r_t = \frac{\Pi_t - (1-s_Z)I_t}{V_t} + \frac{\dot{V}_t}{V_t} \tag{5-14}$$

当企业进入为正时（即 $\dot{N}_t > 0$），自由进入的无套利条件为：

$$V_t = (1-s_N)\beta X_t \tag{5-15}$$

其中，$s_N \in (0,1)$ 是对产品种类扩张创新的研发补贴率，提高对产品种类扩张创新的研发补贴率 $s_N$ 降低了企业研发新产品的研发成本。将式（5-7）、式（5-8）、式（5-10）、式（5-12）和式（5-15）代入式（5-14）可得企业研发新的中间产品并且进入市场的市场回报率为：

$$r_t^e = \frac{1}{(1-s_N)\beta} \left[ \frac{1-\theta}{\theta} - \frac{\phi + (1-s_Z)z_t}{x_t} \right] + \frac{\dot{x}_t}{x_t} + z_t \tag{5-16}$$

其中，$z_t \equiv \dot{Z}_t/Z_t$ 是中间产品质量的增长率。给定质量调整的企业规模 $x_t$，对产品种类增加创新的研发补贴率 $s_N$ 越高，企业研发新产品的研发成本就越低，企业研发新的中间产品的市场回报率 $r_t^e$ 就越高。给定其他条件不变，质量调整的企业规模 $x_t$ 越大，企业研发新产品的研发收益率 $r_t^e$ 就越高。

政府向代表性家庭征收收入税 $T_t$，税收收入为：

$$T_t = \tau w_t L_t = \tau(1-\theta)Y_t \tag{5-17}$$

政府的平衡预算条件为：

$$T_t = G_t + s_Z \int_0^{N_t} I_t(i)di + s_N \dot{N}_t \beta X_t \qquad (5-18)$$

其中，$G_t$ 为政府的非生产性支出，$s_Z \int_0^{N_t} I_t(i)di$ 是对产品质量改进创新的研发补贴总额，$s_N \dot{N}_t \beta X_t$ 是对产品种类增加创新的研发补贴总额。本章跟随佩雷托（Peretto，2007）的假设，$G_t$ 内生地调整以平衡政府的财政预算。也就是说，政府始终保持预算平衡。

## 二、一般均衡

经济体的一般均衡由变量 $\{A_t, Y_t, C_t, X_t, I_t, G_t\}$ 的时间路径和价格 $\{r_t, w_t, p_t, V_t\}$ 的时间路径决定：

（1）给定实际利率和实际工资 $\{r_t, w_t\}$ 以及税率 $\tau$，家庭最大化其效用；

（2）给定实际工资和中间产品的价格 $\{w_t, p_t\}$，竞争性企业生产最终产品 $Y_t$ 并最大化其利润；

（3）给定实际利率 $r_t$ 和对中间产品质量改进创新的研发补贴率 $s_Z$，中间产品在位垄断企业选择中间产品的垄断价格和改进中间产品质量的研发投入 $\{p_t, I_t\}$ 并最大化其市场价值 $V_t$；

（4）给定中间产品垄断企业的市场价值 $V_t$ 和对产品种类扩张创新的补贴率 $s_N$，进入企业决定是否研发新产品并且进入市场；

（5）政府平衡式（5-18）中的财政预算；

（6）全部在位中间产品垄断企业的市场价值总额等于家庭的资产总额 $A_t = N_t V_t$。

最终产品市场的市场出清条件为：

$$Y_t = G_t + C_t + N_t(X_t + \phi Z_t + I_t) + \dot{N}_t \beta X_t \qquad (5-19)$$

将式（5-6）和式（5-10）代入式（5-4），并且根据对称性可得经济体的总产出为：

$$Y_t = \theta^{2\theta/(1-\theta)} N_t^\sigma Z_t L_t \qquad (5-20)$$

总产出随着中间产品种类的增加而增加,随着中间产品质量的增加而增加,随着人口规模的增加而增加。人均产出 $y_t \equiv Y_t/L_t$ 的增长率为:

$$g_t \equiv \frac{\dot{y}_t}{y_t} = \sigma n_t + z_t \qquad (5-21)$$

人均产出的增长率 $g_t$ 由产品种类的增长速度 $n_t \equiv \dot{N}_t/N_t$ 和产品质量的增长速度 $z_t$ 决定。参数 $\sigma$ 决定了产品种类的增长率对人均产出增长率的贡献。$\sigma$ 越大,产品种类增加所带来的社会回报率就越高,对总产出的增长贡献就越大。

## 三、经济动态

经济体的动态由质量调整的企业规模 $x_t = \theta^{2/(1-\theta)} L_t/N_t^{1-\sigma}$ 决定,$x_t$ 的初始值为 $x_0 = \theta^{2/(1-\theta)}/N_0^{1-\sigma}$。给定中间产品的种类数 $N_t$,人口规模 $L_t$ 越大,质量调整的企业规模 $x_t$ 就越大。给定人口规模 $L_t$,中间产品的种类数 $N_t$ 越大,质量调整的企业规模 $x_t$ 就越小。经济体经历了四个不同的增长阶段。在第一阶段,既没有产品种类增加的技术进步也没有产品质量改进的技术进步,人均产出的增长率为 0。在这一阶段,质量调整的企业规模 $x_t$ 的增长率完全由外生的人口增长率所决定。随着人口的不断增长,企业的市场规模 $x_t$ 不断增长。当质量调整的企业规模 $x_t$ 增长到足够大时,企业开始进行研发,经济体中开始出现创新和技术进步。在这个模型中有两种类型的创新,这两种类型的创新出现的先后顺序由模型的参数所决定。下面的不等式给出了其中一种更符合现实的情况——新产品的发明(产品种类增加的技术进步)出现在产品质量改进(产品质量改进的技术进步)之前——所需满足的参数条件:[①]

---

① 佩雷托(Peretto,2015)的研究表明,如果产品质量改进的创新发生在产品种类扩张的创新之前,那么在长期该模型将会同时具有产品种类扩张的创新和产品质量改进的创新这两种类型的创新,而不会出现半内生增长的情况。

$$\alpha < \frac{(1-s_Z)\left[(1-\theta)/\theta - (1-s_N)(\rho-\lambda)\beta\right]}{(1-s_N)(\rho-\lambda)\beta\phi}\Big\{\rho$$

$$+ \frac{\theta^2\left[(1-\theta)/\theta - (1-s_N)(\rho-\lambda)\beta\right]\lambda}{1-\theta^2\left[1/\theta - (1-s_N)(\rho-\lambda)\beta\right] - \tau(1-\theta)}\Big\} \quad (5-22)$$

企业改进产品质量的研发收益率参数 $\alpha$ 越小,企业的进入成本参数 $\beta$ 越小,对产品种类扩张创新的补贴率 $s_N$ 越大,对中间产品质量改进创新的研发补贴率 $s_Z$ 越小,式(5-22)中的参数条件就越有可能得到满足。

当企业的市场规模 $x_t$ 达到第一个阈值 $x_N$ 时,经济体中开始出现产品种类扩张的创新,即 $n_t > 0$,

$$x_N \equiv \frac{\phi}{\frac{(1-\theta)}{\theta} - (\rho-\lambda)(1-s_N)\beta} \quad (5-23)$$

当 $x_t = x_N$ 且 $z_t = 0$ 时,产品种类的增长率 $n_t = 0$。对产品种类扩张创新的研发补贴率 $s_N$ 越高,阈值 $x_N$ 越小。企业的进入成本参数 $\beta$ 越大,阈值 $x_N$ 越大。这是因为对产品种类扩张创新的研发补贴率的提高降低了企业研发新产品的研发成本,并且缩小了企业研发新产品所需的最小市场规模。企业的进入成本越高,研发新产品所需的最低市场规模就越大。

之后随着企业规模 $x_t$ 的不断扩大并且达到第二个阈值 $x_Z$ 时,经济体开始出现产品质量改进的创新,即 $z_t > 0$,

$$x_Z = \underset{x}{argsolve}\left\{\left(\frac{1-\theta}{\theta}x - \phi\right)\left[\frac{\alpha}{1-s_Z} - \frac{\sigma}{(1-s_N)\beta x}\right] = (1-\sigma)(\rho-\lambda) + \lambda\right\}$$

$$(5-24)$$

当 $x_t = x_Z$ 且 $n_t > 0$ 时,$z_t = 0$。当参数满足不等式(5-22)时,$x_N < x_Z$。企业改进产品质量的研发收益率参数 $\alpha$ 越大,阈值 $x_Z$ 越小。对产品质量改进创新的研发补贴率 $s_Z$ 越高,阈值 $x_Z$ 越小。对产品种类扩张创新的研发补贴率 $s_N$ 越高,阈值 $x_Z$ 越大。这是因为企业改进产品质量的研发收益率越高,企业从改

进产品质量中获得的收益就越大,这缩小了改进产品质量所需的最小市场规模。对产品质量改进创新的研发补贴率越高,中间产品垄断企业改进其产品质量的研发成本就越低,这缩小了改进产品质量所需的最小市场规模。

企业的市场规模 $x_t$ 必然会达到第一个阈值 $x_N$,在这一点上产品种类增加的创新开始出现。但是,企业的市场规模 $x_t$ 可能会达到也可能不会达到第二个阈值 $x_Z$。如果企业的市场规模 $x_t$ 最终没有达到第二个阈值 $x_Z$,那么经济体中只有产品种类增加的创新,并且在长期经济体将出现半内生增长,我们将在下文中具体说明这一点。如果企业的市场规模 $x_t$ 最终达到了第二个阈值 $x_Z$,那么经济体中将同时存在产品种类扩张的创新和产品质量改进的创新这两种类型的创新,并且在长期经济体将出现内生增长。以下命题改编自佩雷托(Peretto,2015),总结了质量调整的企业规模 $x_t$ 的动态路径。

**命题 5.1** 当经济体的初始条件满足:[①]

$$\phi\theta/(1-\theta) < x_0 < x_N$$

并且以下不等式成立:[②]

$$\min\left\{\frac{1-\theta}{(1-s_N)\beta\theta}, \frac{\phi}{1-s_Z}\right\} > \frac{1}{1-\alpha}\left(\rho + \frac{\sigma\lambda}{1-\sigma}\right) \tag{5-25}$$

如果 $x_Z \geqslant x^*$,则质量调整的企业规模 $x_t$ 的动态路径由以下微分方程表示:

$$\dot{x}_t = \begin{cases} \lambda x_t > 0 & x_0 \leqslant x_t \leqslant x_N \\ \bar{v}(\bar{x}^* - x_t) \geqslant 0 & x_N < x_t \leqslant \bar{x}^* \end{cases} \tag{5-26}$$

其中,

$$\bar{v} = \frac{1-\sigma}{(1-s_N)\beta}\left[\frac{1-\theta}{\theta} - (1-s_N)\beta\left(\rho + \frac{\sigma\lambda}{1-\sigma}\right)\right]$$

---

① 不等式 $x_0 > \phi\theta/(1-\theta)$ 保证了企业的初始利润大于 0,即 $\Pi_0 > 0$。

② 不等式(5-25)与初始条件一起保证了 $x_N \in (0, \bar{x}^*)$,其中 $\bar{x}^*$ 是 $x_t$ 在半内生增长情形下的稳态值。

$$\bar{x}^* \equiv \frac{\phi}{(1-\theta)/\theta - (1-s_N)\beta[\rho + \sigma\lambda/(1-\sigma)]}$$

如果 $x_Z < \bar{x}^*$，质量调整的企业规模 $x_t$ 的动态路径由以下微分方程表示：[①]

$$\dot{x}_t = \begin{cases} \lambda x_t > 0 & x_0 \leqslant x_t \leqslant x_N \\ \bar{v}(\bar{x}^* - x_t) > 0 & x_N < x_t \leqslant x_Z \\ v(x^* - x_t) \geqslant 0 & x_Z < x_t \leqslant x^* \end{cases} \qquad (5-27)$$

其中，

$$v = \frac{1-\sigma}{(1-s_N)\beta}\left[(1-\alpha)\frac{1-\theta}{\theta} - (1-s_N)\beta\left(\rho + \frac{\sigma\lambda}{1-\sigma}\right)\right]$$

$$x^* = \frac{(1-\alpha)\phi - (1-s_Z)[\rho + \sigma\lambda/(1-\sigma)]}{(1-\alpha)(1-\theta)/\theta - (1-s_N)\beta[\rho + \sigma\lambda/(1-\sigma)]}$$

**证明：**见附录。

本节研究了对产品种类增加创新的研发补贴和对产品质量改进创新的研发补贴这两种类型的研发补贴在半内生增长和内生增长这两种情况下的不同作用。首先，本章研究了在半内生增长的情况下（即 $x_Z \geqslant \bar{x}^*$ 时），对产品种类增加创新的研发补贴的作用。之后本章研究了在内生增长的情况下（即 $x_Z < \bar{x}^*$ 时），对产品种类增加创新的研发补贴率 $s_N$ 和对产品质量改进创新的研发补贴率 $s_Z$ 这两种类型的研发补贴的作用。最后，本章研究了对产品种类增加创新的研发补贴率 $s_N$ 和对产品质量改进创新的研发补贴率 $s_Z$ 这两种类型的研发补贴是如何决定均衡下经济体出现半内生增长和内生增长这两种情况中的哪一种。

（1）半内生增长

当经济体的市场规模较小时（即 $x_t \leqslant x_N$ 时），企业没有足够的激励研发新

---

① 由该不等式与式（5-22）、（5-25）和初始条件，可得 $0 < x_N < x_Z < \bar{x}^* < x^*$。

产品或者改进现有产品的质量。在这种情况下人均产出为：

$$y_t = \theta^{2\theta/(1-\theta)} N_0^\sigma Z_0 \qquad (5-28)$$

人均产出 $y_t$ 的增长率为 $g_t = 0$。产品种类保持不变并且等于其初始值 $N_0$，产品质量也保持不变并且等于其初始值 $Z_0$。在这一阶段，提高对产品种类增加创新的研发补贴 $s_N$ 对人均产出的水平和人均产出的增长率没有影响。但是，提高对产品种类增加创新的研发补贴率 $s_N$ 通过降低阈值 $x_N$ 使经济体起飞的时间点提前。从直觉上来说，更高的对产品种类扩张创新的研发补贴率 $s_N$ 降低了企业研发新产品的研发成本，增加了式（5-16）中企业研发新产品并进入市场的回报率 $r_t^e$，这就提供给中间产品垄断企业更强的激励研发新产品，并且降低了产品种类增加创新出现所需的最小企业市场规模 $x_t$，也就是降低了阈值 $x_N$。在第一阶段，市场中的企业（产品）数量保持不变，每个企业的市场规模随着外生的人口增长而增长，因此中间产品垄断企业的市场规模 $x_t$ 将更早地达到 $x_N$ 这一阈值。

当中间产品垄断企业的市场规模变得足够大时（即 $x_t > x_N$ 时），经济体中开始出现产品种类增加的创新。在这种情况下人均产出为：

$$y_t = \theta^{2\theta/(1-\theta)} N_t^\sigma Z_0 \qquad (5-29)$$

人均产出 $y_t$ 的增长率为 $g_t = \sigma n_t$。人均产出的增长率取决于产品种类的增长率 $n_t$。在这一阶段产品种类 $N_t$ 不断增加，产品质量保持不变并且等于其初始值 $Z_0$。本书附录中证明了当 $n_t > 0$ 时，消费产出比 $c_t/y_t$ 总是等于其稳态值。也就是说当企业进入为正时，消费产出比总是跳到它的稳态值上。模型的这一性质十分重要，它使模型变得易于处理，并且可以给出分析性的解。因此，将式（5-16）中企业研发新的中间产品并且进入市场的市场回报率 $r_t^e$ 和式（5-12）代入式（5-3）中的欧拉方程 $r_t = \rho + g_t = \rho + \sigma n_t$，可得产品种类的增长率为：

$$n_t = \frac{1}{(1-s_N)\beta}\left[\frac{1-\theta}{\theta} - \frac{\phi}{x_t}\right] + \lambda - \rho \qquad (5-30)$$

对于任一给定的质量调整的企业规模 $x_t$，中间产品种类的增长率 $n_t$ 随着对产品种类扩张创新的研发补贴率 $s_N$ 的增加而增加。从直觉上来说，更高的对产品种类扩张创新的研发补贴率 $s_N$ 增加了式（5-16）中企业研发新产品并进入市场的回报率 $r_t^e$ 并且提高了中间产品种类的增长率。

在半内生增长的情况下（即 $x_Z \geqslant \bar{x}^*$ 时），经济体中不会出现产品质量改进的创新，因为中间产品垄断企业的市场规模 $x_t$ 在达到其稳态值 $\bar{x}^*$ 后停止增长，无法进一步达到第二个更高的阈值 $x_Z$。在这种情况下，经济体在长期中只有产品种类增加的创新。将式（5-12）代入式（5-30）可得：

$$\frac{\dot{N}_t}{N_t} = \frac{1}{(1-s_N)\beta}\left[\frac{1-\theta}{\theta} - \frac{\phi N_t^{1-\sigma}}{\theta^{2/(1-\theta)}L_t}\right] + \lambda - \rho \qquad (5-31)$$

这意味着中间产品种类的增长率 $\dot{N}_t/N_t$ 随着产品种类 $N_t$ 的增加而下降，这与琼斯（Jones，1995a，1995b）的半内生增长模型的情况一致。随着人口规模的不断扩大，质量调整的企业规模 $x_t$ 收敛到其稳态值 $\bar{x}^*$，经济体也到达了它的平衡增长路径上，此时 $N_t^{1-\sigma}/L_t$ 保持不变。此时中间产品种类增长率的稳态值为 $n^* = \lambda/(1-\sigma)$。中间产品种类增长率的稳态值 $n^*$ 决定了人均产出增长率的稳态值 $g^* = \sigma n^*$，并且人均产出增长率的稳态值 $g^*$ 不受对产品种类扩张创新研发补贴率 $s_N$ 的影响。更高的对产品种类扩张创新的研发补贴率 $s_N$ 增加了平衡增长路径上中间产品的种类 $N_t$：

$$N_t^* = \left[\theta^{2/(1-\theta)}\frac{L_t}{\bar{x}^*}\right]^{1/(1-\sigma)} \qquad (5-32)$$

其中，

$$\bar{x}^* = \frac{\phi}{(1-\theta)/\theta - (1-s_N)\beta[\rho + \sigma\lambda/(1-\sigma)]} \qquad (5-33)$$

将式(5-30)中中间产品种类的增长率 $n_t$ 设为中间产品种类的稳态增长率 $n^* = \lambda/(1-\sigma)$，可以得出式(5-33)。由式(5-33)可知，在半内生增长的情况下，质量调整的企业规模的稳态值 $\bar{x}^*$ 随着对产品种类增加创新的研发补贴率 $s_N$ 的上升而下降。上述讨论的研发补贴的作用与研发补贴在半内生增长模型中的作用相同，比如西格斯托姆(Segerstrom，1998)。

命题5.2总结了在半内生增长模型中，对产品种类增加创新的研发补贴的作用。由图5-1可知，提高对产品种类增加创新的研发补贴率 $s_N$ 使经济体起飞的时间点提前，并且提高了经济体在转移动态路径上人均产出的增长率，但是人均产出增长率的稳态值 $g^* = \sigma\lambda/(1-\sigma)$ 不受对产品种类增加创新的研发补贴率 $s_N$ 的影响。

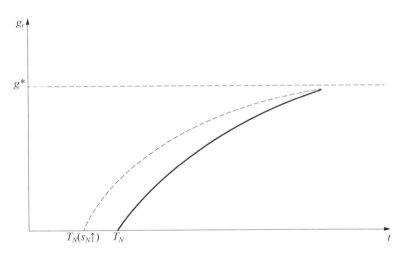

**图5-1 半内生增长模型中对产品种类增加创新的研发补贴率 $s_N$ 的作用**
注：$T_N$ 是产品种类增加的创新和技术进步出现的时间点。

**命题5.2** 在半内生增长的情况下，提高对产品种类增加创新的研发补贴率 $s_N$ 具有以下作用。当质量调整的企业规模 $x_t \leqslant x_N$ 时，提高对产品种类增加创新的研发补贴率对人均产出的水平和人均产出的增长率没有影响，但是会使产品种类增加创新出现的时间点提前。当质量调整的企业规模 $x_t \in (x_N,$

$\bar{x}^*$)时,对于任一给定的企业的市场规模 $x_t$,提高对产品种类增加创新的研发补贴率提高了人均产出的增长率 $g_t = \sigma n_t$。当质量调整的企业规模 $x_t = \bar{x}^*$ 时,提高对产品种类增加创新的研发补贴率对人均产出的稳态增长率 $g^* = \sigma\lambda/(1-\sigma)$ 没有影响,但是会使平衡增长路径上产品的种类 $N_t$ 增加。

**证明:**由式(5-28)可知,当质量调整的企业规模 $x_t \leqslant x_N$ 时,人均产出的水平 $y_t$ 和人均产出的增长率 $g_t$ 不受 $s_N$ 的影响。由式(5-23)可知,经济体中出现产品种类增加创新的阈值 $x_N$ 随着 $s_N$ 的增加而下降。由式(5-30)可知,当质量调整的企业规模 $x_t \in (x_N, \bar{x}^*)$ 时,对于任一给定的企业市场规模 $x_t$,人均产出的增长率 $g_t = \sigma n_t$ 随着 $s_N$ 的增加而增加。由式(5-32)和式(5-33)可知产品种类 $N_t^*$ 随着 $s_N$ 的增加而增加。证毕。

在半内生增长的情况下,对产品质量改进创新的研发补贴率 $s_Z$ 对经济体不产生影响。这是因为在半内生增长的情况下,经济体中没有出现产品质量改进的创新。但是,在均衡条件下,提高对产品质量改进创新的研发补贴率 $s_Z$ 会降低半内生增长模型出现的可能性,同时提高内生增长模型出现的可能性。这一结论将在后文中详细讨论。

(2)内生增长

在内生增长的情况下(即 $x_Z < \bar{x}^*$ 时),经济体中最终将会出现产品质量改进的创新和技术进步。在这一阶段,人均产出为:

$$y_t = \theta^{2\theta/(1-\theta)} N_t^\sigma Z_t \tag{5-34}$$

人均产出 $y_t$ 的增长率为 $g_t = \sigma n_t + z_t$。提高对产品质量改进创新的研发补贴率 $s_Z$ 通过降低产品质量改进创新出现的阈值 $x_Z$,使中间产品垄断企业的市场规模 $x_t$ 达到这一阈值的时间点提前,因此提高对产品质量改进创新的研发补贴率 $s_Z$ 使产品质量改进创新出现的时间点提前。从直觉上来说,提高对产品质量改进创新的研发补贴率 $s_Z$ 增加了式(5-13)中企业改进产品质量的研发回报率 $r_t^q$,并且缩小了经济体中出现产品质量改进创新所需的最小企业市场

规模 $x_z$。

当经济体中出现产品质量改进的创新后，将式（5-13）中中间产品质量改进创新的回报率 $r_t^q$ 代入式（5-3）中的欧拉方程 $r_t = \rho + g_t = \rho + \sigma n_t + z_t$，可以得出产品质量的增长率为：

$$z_t = \frac{\alpha}{1 - s_Z}\left(\frac{1-\theta}{\theta}x_t - \phi\right) - \rho - \sigma n_t \tag{5-35}$$

由式（5-35）可知，对于任一给定的中间产品垄断企业的市场规模 $x_t$，经济体的均衡增长率 $g_t = \sigma n_t + z_t = r_t^q - \rho$ 独立于产品种类的增长率 $n_t$ 和对产品种类扩张创新的研发补贴率 $s_N$，但是随着对产品质量改进创新的研发补贴率 $s_Z$ 的增加而增加。从直觉上来说，提高对产品质量改进创新的研发补贴率 $s_Z$ 使产品质量改进创新的回报率 $r_t^q$ 增加，并且提高了产品质量的增长率 $z_t$。①

在长期，中间产品垄断企业的市场规模 $x_t$ 收敛到其稳态值 $x^*$。此时，产品质量增长率的稳态值为：

$$z^* = \frac{\alpha}{1 - s_Z}\left(\frac{1-\theta}{\theta}x^* - \phi\right) - \rho - \sigma n^* \tag{5-36}$$

其中，中间产品种类增长率的稳态值为 $n^* = \lambda/(1-\sigma)$，质量调整的企业规模的稳态值为：

$$x^* = \frac{(1-\alpha)\phi - (1-s_Z)\left[\rho + \sigma\lambda/(1-\sigma)\right]}{(1-\alpha)(1-\theta)/\theta - (1-s_N)\beta\left[\rho + \sigma\lambda/(1-\sigma)\right]} \tag{5-37}$$

中间产品垄断企业市场规模的稳态值 $x^*$ 随着对产品种类扩张创新的研发补贴率 $s_N$ 的增加而下降。从直觉上来说，提高对产品种类扩张创新的研发补贴增加了中间产品的种类数，并且缩小了每种中间产品的市场规模。中间产品

---

① 经济体的均衡增长率为 $g_t = r_t^e - \rho$，但是由式（5-16）可知，产品种类扩张创新的回报率 $r_t^e$ 受产品质量的增长率 $z_t$ 的影响。

垄断企业市场规模的稳态值 $x^*$ 的下降降低了企业改进中间产品质量的研发激励和经济体的稳态均衡增长率 $g^* = \sigma n^* + z^*$。[1]这一结果将朱智豪等(Chu et al.，2016)研究的结论一般化，在他们的模型中，产品种类的社会回报率为0(即 $\sigma = 0$)。相反，提高对产品质量改进创新的研发补贴率 $s_Z$ 增加了中间产品质量的增长率 $z^*$ 和经济体的稳态均衡增长率 $g^*$。从直觉上来说，提高对产品质量改进创新的研发补贴降低了中间产品垄断企业改进产品质量的研发成本，增加了企业改进其产品质量的研发收益率 $r_t^q$，使更多的资源从研发新产品上转移到改进产品质量上，这就减少了企业研发新产品的研发投入和市场中中间产品的种类数，提高了质量调整的企业规模的稳态值 $x^*$。中间产品垄断企业市场规模的稳态值 $x^*$ 的上升提高了中间产品质量改进创新的激励和经济体的稳态均衡增长率 $g^* = \sigma n^* + z^*$。

另外，企业进入成本参数 $\beta$ 越大，质量调整的企业规模的稳态值 $x^*$ 就越大。企业的固定运营成本参数 $\phi$ 越大，质量调整的企业规模的稳态值 $x^*$ 就越大。这是因为进入成本越高，市场中的产品种类数就越少，每个企业的市场规模就越大。企业的固定运营成本越高，企业运营所需的最小市场规模就越大，市场中的企业数量就越少，每个企业的市场规模就越大。

**命题 5.3** 在内生增长的情况下，提高对产品种类增加创新的研发补贴率 $s_N$ 产生的作用如下。当质量调整的企业规模 $x_t \leqslant x_N$ 时，提高对产品种类增加创新的研发补贴率 $s_N$ 对人均产出的水平和人均产出的增长率没有影响。但是，提高对产品种类增加创新的研发补贴率 $s_N$ 使产品种类增加创新出现的时间点提前。当质量调整的企业规模 $x_t \in (x_N, x_Z]$ 时，对于任一给定的企业的市场规模 $x_t$，提高对产品种类增加创新的研发补贴率 $s_N$ 提高了人均产出的增长率 $g_t = \sigma n_t$。当质量调整的企业规模 $x_t \in (x_Z, x^*)$ 时，对于任一给定的企

---

[1] 佩雷托和康诺利(Peretto and Connolly，2007)讨论了为什么在长期产品质量改进的创新是经济增长的主要引擎。

业的市场规模 $x_t$，提高对产品种类增加创新的研发补贴率 $s_N$ 对人均产出的增长率 $g_t = \sigma n_t + z_t$ 没有影响。当质量调整的企业规模 $x_t = x^*$ 时，提高对产品种类增加创新的研发补贴率 $s_N$ 通过缩小企业市场规模的稳态值 $x^*$，降低了人均产出增长率的稳态值 $g^*$。

**证明：**由式(5-28)可知，当质量调整的企业规模 $x_t \leqslant x_N$ 时，人均产出的水平 $y_t$ 和人均产出的增长率 $g_t$ 与 $s_N$ 无关。由式(5-23)可知，阈值 $x_N$ 随着 $s_N$ 的上升而下降。由式(5-30)可知，当质量调整的企业规模 $x_t \in (x_N, x_Z]$ 时，对于任一给定的企业市场规模 $x_t$，人均产出的增长率 $g_t = \sigma n_t$ 随着 $s_N$ 的上升而上升。由式(5-35)可知，当质量调整的企业规模 $x_t \in (x_Z, x^*)$ 时，对于任一给定的企业市场规模 $x_t$，人均产出的增长率 $g_t = \sigma n_t + z_t$ 与 $s_N$ 无关。由式(5-36)和式(5-37)可知，当质量调整的企业规模 $x_t = x^*$ 时，人均产出增长率的稳态值 $g^* = \sigma n^* + z^*$ 随着 $s_N$ 的上升而下降。证毕。

命题5.3总结了在内生增长的情况下，对产品种类扩张创新的研发补贴率 $s_N$ 的作用。由图5-2可知，提高对产品种类扩张创新的研发补贴率 $s_N$ 使产品

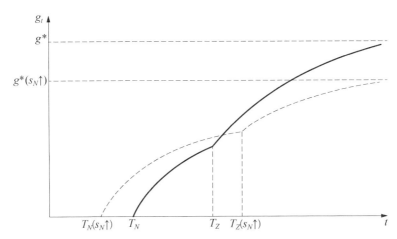

**图5-2　内生增长模型中对产品种类增加创新的研发补贴率 $s_N$ 的作用**
注：$T_N(T_Z)$ 是产品种类增加（产品质量改进）的创新和技术进步出现的时间点。下同。

种类增加创新出现的时间点提前（即经济体起飞的时间点提前），并且提高了经济体的短期增长率。但是，提高对产品种类扩张创新的研发补贴率 $s_N$ 推迟了产品质量改进创新出现的时间点，并且降低了经济体的长期增长率。命题 5.4 总结了在内生增长的情况下，对产品质量改进创新的研发补贴率 $s_Z$ 的作用。由图 5-3 可知，提高对产品质量改进创新的研发补贴率 $s_Z$ 使经济体出现产品质量改进创新的时间点提前，并且提高了经济体的长期增长率。

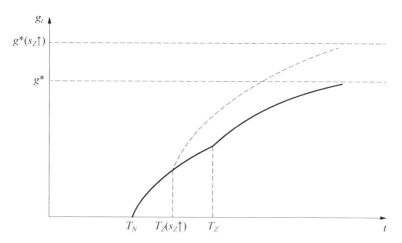

图 5-3　内生增长模型中对产品质量改进创新的研发补贴率 $s_Z$ 的作用

命题 5.4　在内生增长的情况下，提高对产品质量改进创新的研发补贴率 $s_Z$ 产生的作用如下。当质量调整的企业规模 $x_t \leqslant x_N$ 时，提高对产品质量改进创新的研发补贴率 $s_Z$ 对人均产出的水平和人均产出的增长率没有影响，而且提高对产品质量改进创新的研发补贴率 $s_Z$ 对产品种类扩张创新出现的时间点没有影响。当质量调整的企业规模 $x_t \in (x_N, x_Z]$ 时，对于任一给定的企业的市场规模 $x_t$，提高对产品质量改进创新的研发补贴率 $s_Z$ 对人均产出的增长率 $g_t = \sigma n_t$ 没有影响。但是，提高对产品质量改进创新的研发补贴率 $s_Z$ 使产品质量改进创新出现的时间点提前。当质量调整的企业规模 $x_t \in (x_Z, x^*)$ 时，对于任一给定的企业的市场规模 $x_t$，提高对产品质量改进创新的研发补贴率 $s_Z$ 提高了人均产出的增长率 $g_t = \sigma n_t + z_t$。当质量调整的企业规模 $x_t = x^*$ 时，提高对产品质量改进创新的研发补贴率 $s_Z$ 通过增加产品质量增长率的稳态值 $z^*$，提高了人均产出增长率的稳态值 $g^*$。

**证明：**由式(5-28)可知，当质量调整的企业规模 $x_t \leqslant x_N$ 时，人均产出的水平 $y_t$ 和人均产出的增长率 $g_t$ 与 $s_Z$ 无关。由式(5-23)可知，阈值 $x_N$ 与 $s_Z$ 无关。由式(5-30)可知，当质量调整的企业规模 $x_t \in (x_N, x_Z)$ 时，对于任一给定的企业市场规模 $x_t$，人均产出的增长率 $g_t = \sigma n_t$ 与 $s_Z$ 无关。由式(5-24)可知，阈值 $x_Z$ 随着 $s_Z$ 的上升而下降。由式(5-35)可知，当质量调整的企业规模 $x_t \in (x_Z, x^*)$ 时，对于任一给定的企业市场规模 $x_t$，人均产出的增长率 $g_t = \sigma n_t + z_t$ 随着 $s_Z$ 的上升而上升。由式(5-36)和式(5-37)可知，当质量调整的企业规模 $x_t = x^*$ 时，人均产出增长率的稳态值 $g^* = \sigma n^* + z^*$ 随着 $s_Z$ 的上升而上升。证毕。

经济体在均衡中，呈现出半内生增长还是内生增长取决于阈值 $x_Z$ 和 $\bar{x}^*$ 的相对大小。当 $x_Z \geqslant \bar{x}^*$ 时，经济体在均衡中呈现出半内生增长。当 $x_Z < \bar{x}^*$ 时，经济体在均衡中呈现出内生增长。因此，$x_Z / \bar{x}^*$ 的上升使半内生增长在均衡条件下出现的可能性增加，而 $x_Z / \bar{x}^*$ 的下降使内生增长在均衡条件下出现的可能性增加。

（3）半内生增长和内生增长之间的内生转换（endogenous switching）

**命题 5.5** 提高对产品质量改进创新的研发补贴率 $s_Z$ 使内生增长在均衡条件下出现的可能性增加。提高对产品种类增加创新的研发补贴率 $s_N$ 使半内生增长在均衡条件下出现的可能性增加。

**证明：**由式(5-24)和式(5-33)可知，条件 $x_Z < \bar{x}^*$ 可以表示为：

$$\frac{\alpha\phi}{1-s_Z} > \frac{1-\theta}{(1-s_N)\beta\theta} - \left(\rho + \frac{\sigma\lambda}{1-\sigma}\right)$$

并且等价于在式(5-36)中产品质量的增长率 $z^* > 0$。当且仅当对产品质量改进创新的研发补贴率 $s_Z$ 足够大或对产品种类扩张创新的研发补贴率 $s_N$ 足够小时,该不等式成立。证毕。

提高对产品质量改进创新的研发补贴率 $s_Z$ 降低了阈值 $x_Z$,但是对 $\bar{x}^*$ 不产生影响。因此,提高对产品质量改进创新的研发补贴率 $s_Z$ 使内生增长在均衡条件下出现的可能性增加。从直觉上来说,内生增长的出现取决于产品质量改进创新的出现。因此,对产品质量改进创新的研发补贴率 $s_Z$ 的增加提高了产品质量改进创新的回报率 $r_t^q$,并且使内生增长在均衡条件下出现的可能性增加。

提高对产品种类扩张创新的研发补贴率 $s_N$ 降低了 $\bar{x}^*$,同时增加了阈值 $x_Z$。因此,提高对产品种类扩张创新的研发补贴率 $s_N$ 使半内生增长在均衡条件下出现的可能性增加。从直觉上来说,半内生增长的出现取决于产品质量改进创新的消失。因此,对产品种类扩张创新的研发补贴率 $s_N$ 的增加提高了产品种类扩张创新的回报率 $r_t^e$,最终挤出了产品质量改进的创新,并且使半内生增长在均衡条件下出现的可能性增加。命题5.5总结了上述结果。

## 第三节　定量分析

本节对上一节模型中的参数进行了校准,并且定量地研究了在模型中半内生增长和内生增长这两种情况中的哪一种更有可能出现。本节使用美国的数据对参数进行了校准。模型中的参数包括:$\{\rho, \alpha, \sigma, \lambda, \tau, s_N, s_Z, \theta, \beta, \phi\}$。本章将主观贴现率 $\rho$ 设为 $0.05$,这是文献上通常设定的主观贴现率。本章根据亚科佩塔等(Iacopetta et al.,2019)的研究将技术溢出的参数 $1 - \alpha$ 设为 $0.833$,将产品种类多样化所带来的社会收益 $\sigma$ 设为 $0.250$。也就是说改进产品质量的研发的私人收益率 $\alpha$ 为 $0.167$,拥挤效应的参数 $1 - \sigma$ 为 $0.750$。根据世界银行的数据,美国人口的长期增长率为每年 $1\%$,因此 $\lambda = 0.010$。根据经济合作与发展组织(OECD)的数据,美国的平均工资收入税率为 23.8%。由于美国采取统一的研发补贴率,本章根据因普利蒂(Impullitti,2010)的测算,将对产品种类扩张创新的研发补贴率 $s_N$ 和对产品质量改进创新的研发补贴率 $s_Z$ 均设为 18.8%。接着本章通过匹配如下美国数据对参数 $\{\theta,\beta\}$ 进行了校准:第一,美国劳动力收入占 GDP 的份额 $wL/Y$ 为 60%;第二,美国的个人消费占 GDP 的比重 $C/Y$ 为 60%。[①] 最后,本章计算了在保证产品质量增长率的稳态值 $z^*$ 为正的情况下,企业的固定运营成本参数 $\phi$ 值的范围。本章还检验了企业的固定运营成本参数 $\phi$ 值的这一范围是否在经验上可信。

表 5-1  参数校准:研发补贴

| $\rho$ | $\alpha$ | $\sigma$ | $\lambda$ | $\tau$ | $s_N$ | $s_Z$ | $\theta$ | $\beta$ | $\phi$ | $z^*$ |
|---|---|---|---|---|---|---|---|---|---|---|
| 0.050 | 0.167 | 0.250 | 0.010 | 0.238 | 0.188 | 0.188 | 0.400 | 27.478 | 0.068 | 0% |
| 0.050 | 0.167 | 0.250 | 0.010 | 0.238 | 0.188 | 0.188 | 0.400 | 27.478 | 0.070 | 1% |
| 0.050 | 0.167 | 0.250 | 0.010 | 0.238 | 0.188 | 0.188 | 0.400 | 27.478 | 0.072 | 2% |

根据表 5-1 中的参数校准结果,中间产品的收入份额 $\theta$ 为 0.400,企业进入成本的参数 $\beta$ 为 27.478。如果产品质量增长率的稳态值 $z^*$ 为 0,则企业的固定运营成本的参数 $\phi$ 为 0.068,此时对应的人均产出增长率的稳态值 $g^*$ 为 0.33%。如果产品质量增长率的稳态值 $z^*$ 为 1%,则企业的固定运营成本的参数 $\phi$ 为 0.070,此时对应的人均产出增长率的稳态值 $g^*$ 为 1.33%。如果产品质量增长率的稳态值 $z^*$ 为 2%,则企业固定运营成本的参数 $\phi$ 为 0.072,此时对应的人均产出增长率的稳态值 $g^*$ 为 2.33%。也就是说产品质量增长率的稳态值 $z^*$ 随着企业的固定运营成本参数 $\phi$ 的上升而增加。从直觉上来说,企业的固定运营成本 $\phi$ 越高,企业运营所需的最小市场规模就越大,市场中的企业数量就越少,式(5-37)中质量调整的企业规模的稳态值 $x^*$ 就越大。这反过

---

[①]  在半内生增长和内生增长这两种情况下,劳动力收入和个人消费占 GDP 比重的表达式是相同的。

来增加了企业改进产品质量的创新激励和企业改进产品质量的研发投入,并且增加了产品质量增长率的稳态值 $z^*$ 和经济体的长期增长率 $g^*$。当企业的固定运营成本 $\phi > 0.068$ 时,产品质量增长率的稳态值 $z^*$ 是正的,即在均衡条件下经济体出现的是内生增长的情况。费拉罗等(Ferraro et al.,2019)估计了企业的固定运营成本参数 $\phi$,他们估计的参数 $\phi$ 值的均值为 0.125,标准差为 0.027。因此可以推断,在合理的参数值范围内,同时具有产品种类增加创新和产品质量改进创新这两种类型创新的内生增长的情况更有可能出现,而只有产品种类增加创新的半内生增长的情况出现的可能性相对较低。[①] 尽管这一发现取决于本章模型的具体结构,但是本章量化分析的结果与一些实证研究的发现一致,兰茨和佩雷托(Laincz and Peretto,2006)、哈和豪伊特(Ha and Howitt,2007)、马德森(Madsen,2008,2010)及昂和马德森(Ang and Madsen,2011)的实证研究都支持了第二代熊彼特内生增长模型可以较好地与数据匹配。

## 第四节　本章总结

本章在混合增长模型——经济体中既有可能出现半内生增长也有可能出现内生增长——中研究了研发补贴的作用。在该模型中,有两种类型的研发补贴,一种类型的研发补贴是对产品种类扩张创新的研发补贴,另外一种类型的研发补贴是对产品质量改进创新的研发补贴。经济体在均衡中呈现出半内生增长还是内生增长由模型内生决定。在这一增长理论框架下,本章得出了如下结论。

第一,对产品种类增加创新的研发补贴和对产品质量改进创新的研发补贴这两种类型的研发补贴对产品种类增加创新和对产品质量改进创新的内生出

---

[①]　相关研究见费拉罗和佩雷托(Ferraro and Peretto,2020)及亚科佩塔等(Iacopetta et al.,2019),在他们的研究中,企业的固定运营成本参数值 $\phi$ 分别为 0.262 和 0.715。

现的作用不同。在模型中出现半内生增长的情况下，提高对产品种类扩张创新的研发补贴率使产品种类增加创新发生的时间点提前。在模型中出现内生增长的情况下，提高对产品种类扩张创新的研发补贴率使产品种类增加创新发生的时间点提前，并且推迟了产品质量改进创新发生的时间点。在模型中出现内生增长的情况下，提高对产品质量改进创新的研发补贴率使产品质量改进创新发生的时间点提前，但是不影响产品种类扩张创新发生的时间点。

第二，在半内生增长和内生增长这两种情况下，对产品种类增加创新的研发补贴和对产品质量改进创新的研发补贴对经济增长的作用不同。对产品种类增加创新的研发补贴在模型中出现内生增长和半内生增长这两种情况下的作用不同。在模型中出现半内生增长的情况下，提高对产品种类扩张创新的研发补贴率提高了经济体处于转移动态路径上的增长率，但是对经济体的稳态增长率没有影响。在模型中出现内生增长的情况下，提高对产品种类扩张创新的研发补贴率提高了经济体的短期增长率，但是降低了经济体的长期增长率。对产品质量改进创新的研发补贴只在模型中出现内生增长的情况下起作用，对产品质量改进创新的研发补贴在模型中出现半内生增长的情况下不起作用。在模型中出现内生增长的情况下，提高对产品质量改进创新的研发补贴率提高了经济体处于转移动态路径上的增长率和经济体处于稳态时的长期增长率。

第三，对产品种类增加创新的研发补贴和对产品质量改进创新的研发补贴决定了在均衡条件下，经济体中出现半内生增长还是内生增长。提高对产品种类扩张创新的研发补贴率使半内生增长的情况在均衡中更有可能发生，提高对产品质量改进创新的研发补贴率使内生增长的情况在均衡中更有可能发生。

最后，本章对模型进行了参数校准，并且发现在合理的参数值范围内，内生增长的情况更有可能出现。因此，之前关于研发补贴在半内生增长模型还是内生增长模型中的作用的研究可能并未完整地研究研发补贴的作用。

由本章的研究可知,只有在内生增长的情况下,经济体才能保持持续的经济增长。这是因为在半内生增长的情况下,经济体中只有产品种类增加的技术进步,没有产品质量改进的技术进步。当人口增长率为 0 时,产品种类保持不变,因此在半内生增长的情况下经济体的长期增长率为 0。而在内生增长的情况下,经济体中不仅有产品种类增加的技术进步,也有产品质量改进的技术进步。当人口增长率为 0 时,产品种类保持不变,但是产品质量仍然可以持续改进,因此在内生增长的情况下经济体的长期增长率大于零且等于产品质量的增长率。

只有当企业的市场规模不断增长并且超过某一阈值时,经济体中才会出现产品质量改进的创新和技术进步。如果市场中的企业数量过多,那么每个企业的市场规模过小,经济体中将无法出现产品质量改进的技术进步。因此在该模型中,只有当企业的进入成本和企业的固定运营成本相对较大时,每个企业的市场规模才会足够大以使每个企业有足够的激励改进自己产品的质量。因此,政府的研发补贴政策需要考虑到对新进入企业的研发补贴和对在位企业的研发补贴对经济增长的作用不同,对一个经济体不同阶段的经济增长的作用也不同。

在经济体发展的早期阶段,由于企业的市场规模较小,企业没有足够的激励进行创新。此时,政府对产品种类增加的创新进行研发补贴,这将会使经济体起飞的时间点提前。接着,经济体进入了第二个阶段,随着企业规模的不断增加,产品种类的增长速度也在不断增加。此时,政府提高对产品种类增加创新的研发补贴率将会使经济体的增长率增加。但是,经济体接下来将进入第三个阶段,也就是经济体中将要出现产品质量改进的创新和技术进步。因此在第二个阶段,政府在提高对产品种类增加创新的研发补贴率的同时,还应该对产品质量改进的创新进行研发补贴以使产品质量改进创新出现的时间点提前。最后,当经济体进入第三个阶段,即经济体中同时具有产品种类增加的创新和技术进步与产品质量改进的创新和技术进步。此时,政府应该进一步提高对产品质量改进创新的研发补贴率,但是不应该再增加对产品种类增加创新的研发补贴率。因为提高对产品种类增加创新的研发补贴率将会缩小质量调整的企业规模的稳态值,并且降低经济体的长期增长率。

尽管提高对产品种类增加创新的研发补贴率降低了经济体的长期增长率,但是由于产品种类的社会回报率大于0——增加产品种类多样性会提高家庭的效用和社会福利,因此在平衡增长路径上不应该使企业市场规模最大化而应使产出的增长率最大化。为了使经济体的长期增长率最大化,应该尽可能地提高对产品质量改进创新的研发补贴率,尽可能地降低对产品种类增加创新的研发补贴率。最极端的情况是在经济体中只存在一个企业(一种产品),此时该企业的市场规模达到了最大化,平衡增长路径上经济体的长期增长率也达到了最大值。但是,由于产品种类的增加会增加总产出和代表性家庭的效用,经济体最优的长期增长率一定小于其理论上的最大值。因此,政府的研发补贴需要权衡产品种类增加的创新和技术进步以及产品质量改进的创新和技术进步。

上述政策建议的合理性是建立在模型假设了经济体中将会先出现产品种类增加的创新和技术进步,之后再出现产品质量改进的创新和技术进步。事实上,在本章与第四章的模型中,只要参数满足一定的条件,可能出现另外一种情况,即产品质量改进的创新和技术进步可能出现在产品种类增加的创新和技术进步之前。如果产品质量改进的创新和技术进步出现在产品种类增加的创新和技术进步之前,那么经济体中一定会出现同时具有产品种类增加创新和产品质量改进创新的内生增长的情况。本章并未详细讨论产品质量改进的创新和技术进步出现在产品种类增加的创新和技术进步之前这一情况,主要有以下几个因素。首先,在关于这类内生经济起飞的熊彼特增长模型的研究中(Iacopetta and Peretto,2018;Iacopetta et al.,2019;Chu and Peretto,2019;Chu and Wang,2019;Chu et al.,2020),文献都只考虑了本书中的情况,即产品种类增加的创新和技术进步出现在产品质量改进的创新和技术进步之前。其次,只有当某一种产品被发明出来了,才能继续改进它的质量,因此产品种类增加的创新和技术进步出现在产品质量改进的创新和技术进步是更接近现实的情况。最后,如果产品质量改进的创新和技术进步出现在产品种类增加的创新和技术进步之前,那么经济体一定会出现内生增长的情况。这与世界各国经济增长的巨大差距相矛盾,因为仍然有一部分国家没有实现可持续增长。

# 第六章 结论与政策建议

本章总结了前文的主要内容,并且针对本书的主要发现提出了相应的政策建议。本章的安排如下。第一节是结论,总结了最低工资、专利保护和研发补贴这三个政策工具对一个经济体的市场结构、创新和经济增长的作用。第二节是政策建议,针对本书的主要结论讨论了政府如何改进最低工资政策、专利保护政策和研发补贴政策以促进企业的研发创新并且提高经济体的增长率。

## 第一节 结论

本书研究了最低工资、专利保护和研发补贴对经济体的市场结构、企业的创新和经济增长的动态作用。本书研究的市场结构是指企业(产品种类)的数量和每个企业(每种产品)的市场规模。企业的市场规模决定了企业进行研发和创新的激励,而企业的研发和创新决定了经济体的长期增长率。

本书使用的理论模型是第二代内生增长模型。在该模型中,经济体中有两种类型的创新和技术进步:一种是产品种类增加的创新和技术进步,即水平型创新;另外一种是产品质量改进的创新和技术进步,即垂直型创新。在产品种类增加的罗默模型(Romer,1990)和产品质量改进的阿吉翁-豪伊特模型(Aghion and Howitt,1992)中,经济体的长期增长率随着人口规模的上升而上升,即存在"规模效应"。但是琼斯(Jones,1995a,1995b)指出"规模效应"与现实数据存在矛盾。在第二代内生增长模型中,市场结构是内生的,市场中产品的种类数(企业数量)与经济体的人口规模正相关,产品种类数(企业数量)随着总人口的增长而增长。因此,产品种类的内生增长产生了稀释效应,并且消除了人口规模对经济体长期增长率的规模效应。每个企业的市场规模决定了企业改进产品质量的研发激励,经济体的长期增长率由企业改进产品质量的研发投入决定。

第三章在内生市场结构的第二代内生增长模型(Peretto,2007,2011a)中研究了最低工资的动态作用,并且得到了如下结论。首先,提高最低工资减少了低技能劳动力的就业,并且提高了低技能劳动力的失业率。第二,提高最低工资降低了经济体的产出水平。第三,提高最低工资降低了经济体在转移动态路径上的增长率,但是对经济体的长期稳态增长率没有影响。通过定量分析,本章发现最低工资对低技能劳动力的就业和经济增长的负面作用的大小随着生产函数中低技能劳动力密集度的增加而大幅增加。提高最低工资后仍然被雇用的低技能劳动力尽管在一开始获得了更高的工资,但是由于提高最低工资将导致经济体短期增长率的暂时下降,这可能会导致仍然被雇用的低技能劳动力的未来工资更低。

提高最低工资尽管降低了经济体在转移动态路径上的增长率,但是对经济体的长期稳态增长率没有影响。这是因为在短期内,提高最低工资通过缩小整个经济体的市场规模缩小了每个企业的市场规模,进而降低了企业改进产品质量的研发投入。在长期,随着一些企业退出市场,每个企业的市场规模又恢复到了最初的水平,因此企业的研发投入和经济体的增长率也恢复到了最初的水平。从长期来看,每个企业市场规模的稳态值独立于最低工资的水平。这是因为提高最低工资尽管缩小了整个经济体的市场规模,但是它并未改变直接影响企业研发收益和研发成本的因素。也就是说在给定企业市场规模的情况下,每个企业的研发收益和研发成本不会受到最低工资的影响。

第四章和第五章研究了另外两种政策工具——专利保护和研发补贴——对经济增长的动态作用。专利保护和研发补贴尽管不会改变整个经济体的市场规模,但是专利保护和研发补贴分别通过影响企业的研发收益和研发成本,改变了经济体的长期增长率。专利保护通过影响企业的研发收益,影响企业的市场价值,改变了企业的进入和退出决策,并且进一步影响了市场中的企业数量和每个企业的市场规模,以及经济体的增长率。研发补贴通过影响企业的研发成本,改变了企业进行产品种类增加创新和产品质量改进创新的研发激励以及企业的进入与退出决策,并且进一步影响了市场中的企业数量和每个企业的市场规模,以及经济体的增长率。因此,最低工资、专利保护和研发补贴这三种政策工具分别通过影响整个经济体的市场规模、企业的研发收益和企业的研发成本这三个不同的机制,影响了经济体的市场结构和经济体的增长率。

第四章在内生经济起飞的第二代内生增长模型(Peretto,2015)中研究了专利保护对经济增长的动态作用。在该模型中,人口增长率是一个外生的正的常数,人口规模在决定企业的市场规模方面起到了决定性作用,也就是说人口规模的增长扩大了企业的市场规模。经济体的整个动态路径一共有四个阶段。在第一个阶段,当人口规模较小时,企业的市场规模较小,人均产出的增长率为0,经济体处于停滞阶段。随着人口规模的不断扩大,企业的市场规模也随之变大,当企业的市场规模达到第一个内生的阈值时,经济体中将会出现新产品的发明,即产品种类增加的创新和技术进步,经济体也随之进入了第二个阶段。在第二个阶段,随着人口规模的继续扩大,每个企业的市场规模也随之扩大,每种中间产品的市场价值不断增加,产品种类增长的速度不断上升,人均产出的增长率也随之上升。当企业的市场规模达到第二个内生的阈值时,经济体中开始出现产品质量改进的创新和技术进步,经济体进入了第三个阶段。此时,经济体中既有产品种类增加的创新,又有产品质量改进的创新。在第三个阶段,随着企业的市场规模继续扩大,产品种类增长的速度和产品质量改进的速度不断上升,人均产出的增长率也随之上升。最后在第四个阶段,每个企业的市场规模收敛至其稳态值,产品种类增长的速度和产品质量改进的速度收敛至其稳态值,人均产出的增长率也收敛至其稳态值,经济体达到平衡增长路径上。因此,第三章中的内生市场结构的熊彼特增长模型属于第四章中的内生经济起飞的熊彼特增长模型在平衡增长路径上的这一阶段。

　　第四章将专利保护纳入上述内生经济起飞的熊彼特增长模型中,研究了专利保护对一个经济体从停滞、起飞到平衡增长路径上的动态作用,并且发现增强专利保护对一个经济体不同发展阶段的经济增长具有不同的作用。首先,增强专利保护导致经济体起飞的时间点提前。企业研发新产品的激励取决于新产品的市场价值,而新产品的市场价值既取决于专利保护的程度,又取决于每种产品的市场规模。增强专利保护通过增加企业的利润提高了新产品的市场价值,这反过来缩小了企业研发新产品所需的最小市场规模,因此增强专利保护使经济体出现创新与经济增长的时间点提前。在经济体起飞之后,给定每个企业的市场规模,增强专利保护提高了企业的利润,增加了企业改进产品质量和研发新产品的回报率,并且使经济体的增长率提高。最后,当经济体达到平衡增长路径上时,增强专利保护将减少产品质量改进的创新并且降低经济体的长期增长率。从直觉上来说,更强的专利保护通过增加企业的垄断利润提高了企业进行研发创新的激励。这在一方面鼓励企业研发新产品并进入市场,并且增加了经济体中产品的种类数(企业的数量);但是在另一方面,市场中产品种类的增加缩小了每种产品的市场规模,减少了企业改进产品质量的研发投入。因为产品质量的增长率(垂直型技术进步)的稳态值决定了经济体的长期增长率,而产品种类的增长率(水平型技术进步)的稳态值由外生的人口增长率决定,因此增强专利保护降低了经济体的长期增长率。

　　第五章在内生经济起飞的混合增长模型中研究了研发补贴对经济增长的动态作用。在该模型中,经济体可能出现半内生增长,此时经济体的整个动态路径一共有三个阶段。经济体也有可能出现内生增长,此时经济体的整个动态路径一共有四个阶段。两种增长路径之间的区别是,在半内生增长模型中只存在产品种类增加的创新和技术进步,而在内生增长模型中同时存在产品种类增加和产品质量改进这两种类型的创新和技术进步。也就是说模型在出现半内生增长的情况下,经济体先后经历了停滞、产品种类增加的技术进步和平衡增长路径。在模型出现内生增长的情况下,经济体先后经历了停滞、产品种类增加的技术进步、产品种类增加的技术进步和产品质量改进的技术进步以及平衡增长路径。因此,第四章中的内生经济起飞的熊彼特增长模型是第五章中的混合增长模型的一个特例。

第五章将对产品种类扩张创新的研发补贴和对产品质量改进创新的研发补贴纳入上述内生经济起飞的混合增长模型中,研究了这两种类型的研发补贴在一个经济体从停滞、起飞到平衡增长路径上的动态作用。对产品质量改进创新的研发补贴只在模型中出现内生增长的情况下起作用,在模型中出现半内生增长的情况下不起作用。在模型中出现内生增长的情况下,提高对产品质量改进创新的研发补贴率使产品质量改进创新发生的时间点提前,并且提高了经济体在转移动态路径上的增长率和经济体的长期增长率。这是因为提高对产品质量改进创新的研发补贴率降低了企业改进产品质量的研发成本,缩小了企业进行产品质量改进创新所需的最小市场规模。同时,提高对产品质量改进创新的研发补贴率使企业将资源从研发新产品转移到改进产品质量上来,减少了市场中的企业数量,增加了每个企业的市场规模,并且增加了企业改进产品质量的研发投入。

对产品种类增加创新的研发补贴在模型中出现内生增长和半内生增长这两种情况下的作用不同。在模型中出现半内生增长的情况下,提高对产品种类增加创新的研发补贴率使产品种类扩张创新发生的时间点提前,并且提高了经济体在转移动态路径上的增长率,但是对经济体的长期增长率没有影响。这是因为,提高对产品种类增加创新的研发补贴率降低了企业研发新产品的成本,增加了企业研发新产品的投入,增加了产品种类的增长率。但是在半内生增长模型中,经济体的长期增长率仅由外生的人口增长率决定。在模型中出现内生增长的情况下,提高对产品种类扩张创新的研发补贴率使产品种类扩张创新发生的时间点提前,并且提高了经济体的短期增长率。但是提高对产品种类扩张创新的研发补贴率推迟了产品质量改进创新发生的时间点,并且降低了经济体的长期增长率。这是因为提高对产品种类增加创新的研发补贴率降低了企业研发新产品的成本,缩小了企业研发新产品所需的最小市场规模。同时,提高对产品种类增加创新的研发补贴率使企业将资源从改进产品质量转移到研发新产品上来,增加了市场中的企业数量,缩小了每个企业的市场规模,并且降低了企业改进产品质量的研发投入。提高对产品种类增加创新的研发补贴率使半内生增长的情况在模型中更有可能出现,提高对产品质量改进创新的研发补贴率使内生增长的情况在模型中更有可能出现。通过对模型的参数进行校准发现,在合理的参数值范围内,内生增长的情况更有可能出现。

## 第二节　政策建议

目前,我国的人均 GDP 已经超过 1 万美元,达到了中等收入国家的水平。有相当一部分国家在人均 GDP 达到中等收入国家水平后长期停滞不前,无法实现向高收入国家的跨越,这就是所谓的"中等收入陷阱"。我国经济已经从高速增长阶段转向高质量发展阶段,中国经济正处在转变发展方式、优化经济结构、转换增长动力的重要时期,建设现代化经济体系是实现经济从高速度增长转向高质量增长的关键。高速增长阶段的主要特点是经济主要依靠粗放式地增加物质资源消耗实现增长,而高质量发展的主要特点是经济主要依靠技术进步和提高劳动者素质实现增长。高质量发展要求中国经济不断地从以要素密集型产业为主导的产业体系转向以技术和知识密集型产业为主导的产业体系,产品结构也要不断地从以低技术含量和低附加值产品为主导的产品体系转向以高技术含量和高附加值为主导的产品体系,实现产业不断地向国际价值链的中高端升级。

对于像中国这样的"后发国家",在经济体的起飞阶段,经济增长和技术进步依赖于从发达经济体引进先进的设备,模仿发达国家的先进技术。但是随着一个后发经济体不断地向发达国家收敛,技术水平也在不断地向世界技术前沿收敛,国内企业的自主创新变得越来越重要。随着我国经济的不断发展,综合国力的不断提升,国内企业的技术水平也在不断提升,国际竞争力也越来越强。一部分国内企业的创新能力和技术水平已经接近世界技术前沿,甚至达到国际领先水平。在中国目前的发展阶段,政府需要采取各种促进企业创新、技术进步和经济增长的政策,使经济体保持较高的增长速度以成功地迈入发达经济体的行列。

根据本书的研究,政府的各种经济政策通过影响企业在不同类型创新之间的资源配置,改变了经济体的市场结构,即市场中产品(企业)的数量和每一种产品(企业)的市场规模。如果一种经济政策增加了企业研发新产品的投入,那么市场中的产品数量将会增加,这减小了每一种产品的市场规模,并且增加了产品扩张增加的水平型创新和技术进步。每一种产品市场规模的缩小减少了企业改进产品质量的研发投入,降低了质量改进的垂直型创新和技术进步。如果一种经济政策增加了企业改进产品质量的研发投入,那么企业研发新产品的投入将会减少,这降低了产品种类增加的水平型创新和技术进步,并且减少了市场中的产品数量。产品种类数的下降扩大了每一种产品的市场规模,并且增加了企业改进产品质量的研发投入以及质量改进的垂直型创新和技术进步。在短期内,产品的种类数(企业的数量)无法随着政策的变化而立即调整,也就是说企业无法在短期内大量地进入或者退出市场。但是在长期,企业将会充分地对政策的调整作出反应,也就是说在长期企业将会自由地进入和退出市场。因此,评估一项经济政策对企业创新和经济增长的作用需要同时考虑到其短期影响和长期影响。

中国的最低工资制度从 2004 年开始实施。2003 年 12 月 30 日中国通过了《最低工资规定》,并且从 2004 年 3 月 1 日起开始实施。最低工资的实施在国内引起了巨大的争议,反对者认为最低工资会对国内企业的竞争力造成巨大的打击,严重影响中国的经济发展。但是事实上,尽管最低工资对就业造成了一定的影响,但是并未造成大规模失业,而且随着中国人力资本水平的不断提高,最低工资对就业的负面影响将会逐渐降低。最低工资也没有实质性地损害中国企业的竞争力,反而促使企业提高生产效率,提高了企业的竞争力。

最低工资可以改善低收入劳动者的经济状况,缩小收入差距,但是需要考虑我国不同地区之间经济发展的巨大差距,在各地区实施差异化的最低工资。在东部的发达地区,经济发展水平较高,可以制定相对较高的最低工资标准。而在中西部经济相对落后的地区,经济发展水平较低,可以制定相对较低的最低工资标准。截至2020年,上海、北京、广东、天津、江苏和浙江的第一档月最低工资都超过2 000元,而湖南、安徽、重庆、青海和海南的第一档月最低工资不足1 600元。北京、上海、天津和广东的第一档小时最低工资超过了20元,而海南、宁夏、青海、湖南和云南的第一档小时最低工资低于16元。① 由于我国目前仍处于中高速发展阶段,因此最低工资标准需要不断上调。

最低工资标准还需要考虑不同地区之间产业结构的差异。对于以劳动密集型产业为主的地区,过高的最低工资反而不利于提高劳动者的收入水平。根据本书的研究结论,当生产函数中低技能劳动力的密集度较高时,提高最低工资不仅会提高低技能劳动力的失业率,而且可能导致仍然被雇用的低技能劳动力的工资下降。这是因为本书的研究考虑了提高最低工资对经济增长的负面效应。提高最低工资在短期内导致经济体的增长率下降并且了降低了低技能劳动力的工资水平(相对于保持最低工资不变情况下的工资),提高最低工资对低技能劳动力工资的正向水平效应可能会小于其对低技能劳动力工资的负向增长效应。因此,在以劳动密集型产业为主的地区,实行最低工资政策时需要尽量降低其对就业的负面影响以及对经济增长的短期负面影响。对于以资本或技术密集型产业为主的地区,适当提高最低工资有利于提高劳动者的收入水平,并且对就业产生的负面影响较小。因此,制定最低工资标准时必须考虑行业的异质性,同时还要考虑对失业者的补贴,以保证就业者和失业者之间的公平问题。

---

① 我国的最低工资标准由各省制定,一般分为3到4档。其中,第一档最低工资标准一般由省会城市和一些发达城市采用,第二档最低工资标准一般由地级市采用,而第三档最低工资标准一般由县及以下地区采用。

但是,本书的模型并未考虑到最低工资可能产生的效率工资效应,以及最低工资对人力资本积累和企业培训的影响。最低工资的提高增加了低技能劳动力失业的概率,同时提高了被雇用的低技能劳动力的工资并且增加了低生产效率的工人失业的成本。因此,提高最低工资通过增加工人被解雇所产生的损失,可能会激励工人们提高生产效率,从而促进经济增长。最低工资通过增加低技能劳动力失业的风险,可能会促使人们增加人力资本,以获得更多的收入并且降低被解雇的风险。最低工资可能影响企业对员工的培训,一方面最低工资增加了企业的成本,降低了企业对员工的培训,另一方面企业通过增加培训提高工人的生产效率,抵消最低工资导致企业成本上升所带来的负面影响。

朱智豪等(Chu et al.,2014)总结了改革开放以来中国知识产权保护的改革历程。20 世纪 70 年代末到 80 年代初期,就是否在我国建立现代知识产权体系这一问题,在国内曾经有过激烈的讨论。当时的一些支持者认为,在中国建立现代知识产权体系是吸引外商直接投资(FDI)并且为国内企业创新提供激励的必要手段。1984 年全国人大通过了国内第一部专利法。1992 年全国人大修订了专利法,将发明专利保护的法定期限从 15 年延长到了 20 年,实用新型专利和外观设计专利的保护期限从 5 年延长到了 10 年,并且扩大了可申请专利的对象范围。2000 年,中国根据世界贸易组织的《与贸易有关的知识产权协议》(TRIPs)的规定再次对专利法进行了修订。这次改革涉及的政策变化包括:在提出诉讼前专利持有人可获得针对侵权方的初步禁令的权利,制定法定损害赔偿的计算标准,肯定国有和非国有企业享有平等的专利权,简化专利申请、审查和转移程序以及统一上诉机制等。通过一系列的政策改革,我国的知识产权和专利保护强度不断增加,中国的 Ginarte-Park 专利权指数从 1995 年的 2.12 逐渐增加到了 2005 年的 4.08。[①] 2008 年 12 月,《中华人民共和国专利法》第三

---

[①] Ginarte-Park 指数的范围从 0 到 5,数字越大意味着专利保护强度越大,数据来自朴(Park,2008)。

次修正案获得通过,并于 2009 年 10 月生效。这次制度改革旨在促进专利申请,鼓励对共同拥有专利的利用,提高可申请专利的要求,增加法定损害赔偿和行政罚款,对授予强制许可的权利进行阐明,以及对遗传资源建立保护等,将中国建设成为一个知识产权保护良好的创新型国家。目前,我国经济已由高速增长阶段转向高质量发展阶段,我国的知识产权政策和法律环境应该逐渐朝着加强知识产权执法力度的方向发展(吴超鹏和唐菂,2016)。近年来,中国在知识产权保护法律和监管框架方面不断完善,在逐步改善执法方面取得了进展。

专利保护政策需要考虑一个经济体所处的发展阶段。根据本书的研究,在一个经济体的发展早期,经济体中的创新以产品种类增加的水平型创新为主,一定的专利保护会促进企业的研发和创新,鼓励新产品的发明和企业的进入,并且提高经济体的增长率。但是在经济发展的中后期,经济体中同时存在产品种类增加的水平型创新和产品质量改进的垂直型创新,需要考虑专利保护通过市场结构影响企业的创新和经济增长。增强专利保护在给定企业市场规模的情况下增加了企业的利润和专利的市场价值,这吸引更多的企业进入市场,导致每个企业的市场规模缩小。企业市场规模的缩小减少了企业改进产品质量的研发收益,降低了改进产品质量的研发投入和产品质量的增长率。在长期,企业改进产品质量的创新对经济增长更加重要,因此过强的专利保护通过缩小每个企业的市场规模降低了经济体的增长率。

目前,中国正处于向创新型国家转型的关键阶段,知识产权政策的恰当实施至关重要。一味地增强专利保护可能会让过多的企业进入市场,挤压了企业内部创新的资源。根据本书的分析,一方面增强专利保护减少了行业内模仿企业的竞争,增加了在位企业的利润,增加了产品的种类,另一方面增强专利保护吸引了更多的差异化产品的企业进入市场,减少了每个企业的规模,降低了产品质量改进的速度,专利保护政策需要权衡这两方面的影响。但是,本书的模型并未考虑到企业数量的减少和企业规模的扩大可能对创新带来的负面效果。在本书的模型中,企业数量的减少和企业规模的扩大有利于经济增长(周黎安和罗凯,2005),即企业规模与创新和经济增长具有正向的关系。但是,实证中存在着竞争和创新的倒U形关系,即随着竞争的加剧,企业的创新可能先增加后减少,这取决于市场中企业并驾齐驱的部门(neck-and-neck sectors;leveled sectors)和只有一个领导者企业的部门(unleveled sectors)的比重,也就是熊彼特效应(Schumpeterian effect)和逃离竞争效应(escape-competition effect)的相对大小。因此,专利保护和产品市场的竞争对于激励企业创新可能是互补的(Aghion et al.,1997;Aghion et al.,2005;Aghion et al.,2009;Aghion et al.,2014;Aghion et al.,2015)。因此,在实施专利保护政策的同时需要实施促进企业之间竞争的政策。

近些年各地方政府出台了很多政策鼓励企业的研发和创新,并且对企业的研发支出进行补贴。2008年4月国家税务总局联合科技部和财政部发布了《高新技术企业认定管理办法》和《国家重点支持的高新技术领域》,根据这些法规认定的高新技术企业可以依照《中华人民共和国企业所得税法》及其实施条例享受减按15%税率征收企业所得税的税收优惠政策,企业的研究开发活动所产生的研发费用享受所得税加计扣除的税收优惠政策。这些对研发活动的补贴政策并未区分研发新产品的创新和改进产品质量的创新。

本书研究发现,对产品种类增加创新的研发补贴和对产品质量改进创新的研发补贴对一个经济体不同增长阶段的影响不同。在一个经济体的发展早期,经济体中的创新以产品种类增加的水平型创新为主,对产品种类增加创新的研发补贴会促进企业的研发和创新,鼓励新产品的发明和企业的进入,并且提高经济体的增长率,而对产品质量改进创新的研发补贴对经济增长的促进作用较小。但是在经济发展的中后期,经济体中同时存在产品种类增加的水平型创新和产品质量改进的垂直型创新,这两种类型的研发补贴会通过市场结构影响企业的创新和经济增长。提高对产品种类增加创新的研发补贴会吸引更多的企业进入市场,增加市场中企业的数量并且导致每个企业的市场规模缩小。企业市场规模的缩小减少了企业改进产品质量的研发收益,降低了改进产品质量的研发投入和产品质量的增长率。提高对产品质量改进创新的研发补贴会减少研发新产品的投入,减少市场中企业的数量并且导致每个企业的市场规模上升。企业市场规模的扩大增加了企业改进产品质量的研发收益,提高了改进产品质量的研发投入和产品质量的增长率。在长期,企业改进产品质量的创新对经济增长更加重要,因此应该更多地对企业改进产品质量的研发进行补贴。提高对产品种类增加创新的研发补贴增加了市场中差异化产品的数量,但是降低了产品质量改进的速度。提高对产品质量改进创新的研发补贴减少了市场中差异化产品的数量,但是提高了产品质量改进的速度。因此,研发补贴政策需要权衡这两个方面的影响。

# 附录

**引理 3.1**

证明：中间产品垄断企业 $i$ 的现值汉密尔顿函数（current-value Hamiltonian）为式（3-11）。将式（3-7）、（3-8）和（3-9）代入式（3-11）可得：

$$\frac{\partial H_t(i)}{\partial p_t(i)} = 0 \Rightarrow \frac{\partial \Pi_t(i)}{\partial p_t(i)} = 0 \qquad (A3-1)$$

$$\frac{\partial H_t(i)}{\partial R_t(i)} = 0 \Rightarrow \eta_t(i) = 1 \qquad (A3-2)$$

$$\frac{\partial H_t(i)}{\partial Z_t(i)} = \alpha \left\{ [p_t(i) - 1] \left[ \frac{\theta}{p_t(i)} \right]^{1/(1-\theta)} \frac{l_t^\gamma h_t^{1-\gamma}}{N_t} - \phi \right\} Z_t^{\alpha-1}(i) Z_t^{1-\alpha}$$

$$= r_t \eta_t(i) - \eta_t(i) \qquad (A3-3)$$

由式（A3-1）可得中间产品的垄断价格为 $p_t(i) = 1/\theta$。将式（A3-2）、式（3-13）和 $p_t(i) = 1/\theta$ 代入式（A3-3）并且根据对称性可得式（3-14）。

证毕。

**引理 3.2**

证明：将式（3-16）代入代表性家庭所拥有的总资产 $a_t = N_t V_t$ 可得：

$$a_t = N_t \beta X_t = \theta^2 \beta Y_t \qquad (A3-4)$$

由 $\theta Y_t = N_t X_t / \theta$ [①] 可得第二个等式。将式（A3-4）中等式的两边取对数并且对

---

① 该不等式可由 $p_t(i) = 1/\theta$ 和 $X_t(i) = X_t$ 代入 $\theta Y_t = \int_0^{N_t} p_t(i) X_t(i) di$ 得出。

$t$ 进行微分可得：

$$\frac{\dot{Y}_t}{Y_t} = \frac{\dot{a}_t}{a_t} = r_t + \frac{\omega_t H + \overline{\omega}_t l_t}{a_t} - \frac{c_t}{a_t} \qquad (A3-5)$$

由式(3-2)和 $\tau_t = b_t(L - l_t)$ 可以得出第二个不等式。由式(3-3)中的实际利率 $r_t$，式(3-5)中的低技能劳动力的实际工资 $\overline{\omega}_t$，式(3-6)中的高技能劳动力的实际工资 $\omega_t$ 和式(A3-4)中的代表性家庭所拥有的总资产 $a_t$，重新整理式(A3-5)可得：

$$\frac{\dot{c}_t}{c_t} - \frac{\dot{a}_t}{a_t} = \frac{c_t}{a_t} - \left( \rho + \frac{1-\theta}{\beta\theta^2} \right) \qquad (A3-6)$$

该式随着消费资产比 $c_t/a_t$ 的增加而增加，并且有一个严格小于 0 的 $y$ 轴上的截距。因此，消费资产比 $c_t/a_t$ 总是等于其稳态值。最后，令式(A3-6)等于 0 并将式(A3-4)代入可得式(3-23)。

证毕。

### 引理 3.3

**证明：** 将产品质量的增长率(总产出的增长率) $z_t = g_t = r_t - \rho = r_t^e - \rho$ 代入式(3-17)可得：

$$\frac{\dot{x}_t}{x_t} = \rho - \frac{1}{\beta}\left( \frac{1-\theta}{\theta} - \frac{\phi + z_t}{x_t l_t^\gamma} \right) \qquad (A3-7)$$

推导该式也使用了式(3-22)中的 $\dot{l}_t = 0$。使用式(3-25)中的产品质量的增长率 $z_t$ 可得式(3-27)。

证毕。

### 命题 3.1

**证明：** 将式(3-27)重新写为 $\dot{x}_t = d_1 - d_2 x_t$。如果下面两个不等式成立，则

状态变量 $x_t$ 的该线性系统有一个唯一非 0 的稳态值，并且该稳态值是全局和局部稳定的：

$$d_1 \equiv \frac{(1-\alpha)\phi-\rho}{\beta L^\gamma}(1+\mu)^{\gamma/(1-\gamma)} > 0 \qquad (A3-8a)$$

$$d_2 \equiv \frac{(1-\alpha)(1-\theta)}{\beta\theta} - \rho > 0 \qquad (A3-8b)$$

由此可得 $\rho < \min\{(1-\alpha)\phi, (1-\alpha)(1-\theta)/(\theta\beta)\}$。由 $\dot{x}_t = 0$ 可得式 (3-28) 中 $x_t$ 的稳态值 $x^* = d_1/d_2$。将式 (3-28) 代入式 (3-25) 可得式 (3-29)。

证毕。

### 引理 4.1

**证明：**中间产品垄断企业 $i$ 的现值汉密尔顿函数为：

$$H_t(i) = \Pi_t(i) - I_t(i) + \eta_t(i)\dot{Z}_t(i) + \omega_t(i)[\mu - p_t(i)] \qquad (A4-1)$$

其中，$\omega_t(i)$ 是垄断价格约束条件 $p_t(i) \leqslant \mu$ 的拉格朗日乘数。将式 (4-6)、式 (4-7) 和式 (4-8) 代入式 (A4-1)，可得：

$$\frac{\partial H_t(i)}{\partial p_t(i)} = 0 \Rightarrow \frac{\partial \Pi_t(i)}{\partial p_t(i)} = \omega_t(i) \qquad (A4-2)$$

$$\frac{\partial H_t(i)}{\partial I_t(i)} = 0 \Rightarrow \eta_t(i) = 1 \qquad (A4-3)$$

$$\begin{aligned}
\frac{\partial H_t(i)}{\partial Z_t(i)} &= \alpha\left\{[p_t(i)-1]\left[\frac{\theta}{p_t(i)}\right]^{1/(1-\theta)}\frac{L_t}{N_t^{1-\sigma}} - \phi\right\}Z_t^{\alpha-1}(i)Z_t^{1-\alpha} \\
&= r_t\eta_t(i) - \dot{\eta}_t(i)
\end{aligned}$$

$$\qquad (A4-4)$$

如果垄断价格 $p_t(i) < \mu$，则 $\omega_t(i) = 0$。在这种情况下，由 $\partial\Pi_t(i)/\partial p_t(i) = 0$

可得垄断价格 $p_t(i) = 1/\theta$。如果对垄断价格 $p_t(i)$ 的约束是紧的,则 $\omega_t(i) > 0$。在这种情况下,垄断价格 $p_t(i) = \mu$。因此,中间产品生产企业的垄断价格可以表示为:

$$p_t(i) = \min\{\mu, 1/\theta\} \qquad (A4-5)$$

假设垄断价格 $\mu < 1/\theta$,中间产品垄断企业将其价格定为 $p_t(i) = \mu$。将式(A4-3)、式(A4-12)和 $p_t(i) = \mu$ 代入式(A4-4),并且根据对称性可得:

$$r_t^q = \alpha \frac{\Pi_t}{Z_t} = \alpha \left[ \frac{\mu - 1}{\mu^{1/(1-\theta)}} x_t - \phi \right] \qquad (A4-6)$$

$r_t^q$ 是企业内部改进产品质量的研发回报率。

证毕。

在证明命题 4.1 之前,附录首先求出产品种类的增长率 $n_t > 0$ 时经济体的消费产出比 $C_t/Y_t$。

**引理 4.2** 当产品种类的增长率 $n_t > 0$ 时,经济体的消费产出比始终等于其稳态值:

$$C_t/Y_t = \beta(\theta/\mu)(\rho - \lambda) + 1 - \theta \qquad (A4-7)$$

**证明**:代表性家庭所拥有的总资产为:

$$A_t = N_t V_t \qquad (A4-8)$$

当产品种类的增长率 $n_t > 0$ 时,式(4-15)中企业进入的无套利条件成立。将式(4-15)和 $\mu X_t N_t = \theta Y_t$ 代入式(A4-8)可得:

$$A_t = N_t \beta X_t = (\theta/\mu)\beta Y_t \qquad (A4-9)$$

由此可得经济体的资产产出比 $A_t/Y_t$ 为常数。将式(A4-9)、式(4-3)和式(4-5)代入 $\dot{A}_t = r_t A_t + w_t L_t - C_t$ 可得:

$$\frac{\dot{Y}_t}{Y_t} = \frac{\dot{A}_t}{A_t} = r_t + \frac{w_t L_t}{A_t} - \frac{C_t}{A_t} = \rho + \frac{\dot{C}_t}{C_t} - \lambda + \frac{(1-\theta)\mu}{\beta\theta} - \frac{\mu}{\beta\theta}\frac{C_t}{Y_t}$$

$$(A4 - 10)$$

将其重新整理可得：

$$\frac{\dot{C}_t}{C_t} - \frac{\dot{Y}_t}{Y_t} = \frac{\mu}{\beta\theta}\frac{C_t}{Y_t} - \frac{(1-\theta)\mu}{\beta\theta} - (\rho - \lambda) \qquad (A4 - 11)$$

因此，经济体的消费产出比 $C_t/Y_t$ 的动态路径是鞍点稳定的（saddle-point stability），所以消费产出比 $C_t/Y_t$ 总是等于其在式（A4 - 7）中的稳态值。

证毕。

**命题 4.1**

**证明：** 由式（4 - 12）可得质量调整的企业市场规模 $x_t$ 的增长率为：

$$\frac{\dot{x}_t}{x_t} = \lambda - (1-\sigma)n_t \qquad (A4 - 12)$$

当 $x_0 \leqslant x_t \leqslant x_N$ 时，产品种类的增长率 $n_t = 0$ 且产品质量的增长率 $z_t = 0$。 在这种情况下，质量调整的企业市场规模 $x_t$ 的动态路径可以表示为：

$$\dot{x}_t = \lambda x_t \qquad (A4 - 13)$$

当 $x_N < x_t \leqslant x_Z$ 时，产品种类的增长率 $n_t > 0$ 且产品质量的增长率 $z_t = 0$。 在这种情况下，由引理 4.2 可得经济体的消费产出比 $C_t/Y_t$ 是常数，且 $\dot{c}_t/c_t = \dot{y}_t/y_t$。 因此，将式（4 - 16）中的企业研发新的中间产品并且进入市场的市场回报率 $r_t^e$ 和式（A4 - 12）代入式（4 - 3）中的 $r_t = \rho + \sigma n_t$ 可得式（4 - 28）。将式（4 - 28）代入式（A4 - 12）可得质量调整的企业市场规模 $x_t$ 的动态路径为：

$$\dot{x}_t = \frac{1-\sigma}{\beta}\left\{\phi\mu^{1/(1-\theta)} - \left[\mu - 1 - \beta\left(\rho + \frac{\sigma}{1-\sigma}\lambda\right)\right]x_t\right\} \qquad (A4 - 14)$$

定义 $v \equiv \dfrac{1-\sigma}{\beta}\left[\mu - 1 - \beta\left(\rho + \dfrac{\sigma}{1-\sigma}\lambda\right)\right]$ 和 $\bar{x}^* \equiv \dfrac{\phi\mu^{1/(1-\theta)}}{\mu - 1 - \beta\left(\rho + \dfrac{\sigma}{1-\sigma}\lambda\right)}$ , 可

将式(A4-14)表示为:

$$\dot{x}_t = \bar{v}(\bar{x}^* - x_t) \tag{A4-15}$$

当 $x_t > x_Z$ 时, 产品种类的增长率 $n_t > 0$ 且产品质量的增长率 $z_t > 0$。在这种情况下, 由引理4.2可得经济体的消费产出比 $C_t / Y_t$ 是常数, 且 $\dot{c}_t / c_t = \dot{y}_t / y_t$。因此, 由式(4-3)、式(4-19)和 $\dot{c}_t / c_t = \dot{y}_t / y$ 可得:

$$r_t = \rho + \sigma n_t + z_t \tag{A4-16}$$

将式(4-16)中的企业研发新的中间产品并且进入市场的市场回报率 $r_t^c$ 和式(A4-12)代入式(A4-16)可得:

$$n_t = \frac{\mu^{1/(1-\theta)}}{\beta}\left[\frac{\mu-1}{\mu^{1/(1-\theta)}} - \frac{\phi + z_t}{x_t}\right] - \rho + \lambda \tag{A4-17}$$

将式(4-30)代入式(A4-17)可得:

$$n_t = \frac{\left[(1-\alpha)(\mu-1) - (\rho-\lambda)\beta\right]\left[x_t / \mu^{1/(1-\theta)}\right] - (1-\alpha)\phi + \rho}{(\beta x_t) / \mu^{1/(1-\theta)} - \sigma} \tag{A4-18}$$

将式(A4-18)代入式(A4-12)可得质量调整的企业市场规模 $x_t$ 的动态路径为:

$$
\begin{aligned}
\dot{x}_t = \frac{1-\sigma}{\beta - \sigma\mu^{1/(1-\theta)}/x_t}\Bigg\{ & \left[(1-\alpha)\phi - \left(\rho + \frac{\lambda\sigma}{1-\sigma}\right)\right]\mu^{1/(1-\theta)} \\
& - \left[(1-\alpha)(\mu-1) - \beta\left(\rho + \frac{\lambda\sigma}{1-\sigma}\right)\right]x_t\Bigg\}
\end{aligned}
\tag{A4-19}
$$

由 $v \equiv \dfrac{1-\sigma}{\beta - \sigma\mu^{1/(1-\theta)}/x_t}\left[(1-\alpha)(\mu-1) - \beta\left(\rho + \dfrac{\lambda\sigma}{1-\sigma}\right)\right]$ 和式(4-32)中的质

量调整的企业市场规模的稳态值 $x^*$，可将式（A4-19）表示为：

$$\dot{x}_t = v(x^* - x_t) \tag{A4-20}$$

其中，对于 $x_t > x_Z$，$\sigma\mu^{1/(1-\theta)}/x_t \cong 0$，因此 $v \cong$ $\frac{1-\sigma}{\beta}\left[(1-\alpha)(\mu-1)-\beta\left(\rho+\frac{\lambda\sigma}{1-\sigma}\right)\right]$ 是一个常数。

证毕。

### 引理 5.1

**证明：** 中间产品垄断企业 $i$ 的现值汉密尔顿函数为：

$$H_t(i) = \Pi_t(i) - (1-s_Z)I_t(i) + \eta_t(i)\dot{Z}_t(i) \tag{A5-1}$$

其中，$\eta_t(i)$ 是产品质量改进研发函数 $\dot{Z}_t(i) = I_t(i)$ 的拉格朗日乘数。将式（5-6）、式（5-7）和式（5-8）代入式（A5-1）可得：

$$\frac{\partial H_t(i)}{\partial p_t(i)} = 0 \Rightarrow \frac{\partial \Pi_t(i)}{\partial p_t(i)} = 0 \tag{A5-2}$$

$$\frac{\partial H_t(i)}{\partial I_t(i)} = 0 \Rightarrow \eta_t(i) = 1 - s_Z \tag{A5-3}$$

$$\frac{\partial H_t(i)}{\partial Z_t(i)} = \alpha\left\{\left[p_t(i)-1\right]\left[\frac{\theta}{p_t(i)}\right]^{1/(1-\theta)}\frac{L_t}{N_t^{1-\sigma}} - \phi\right\}Z_t^{\alpha-1}(i)Z_t^{1-\alpha}$$
$$= r_t\eta_t(i) - \dot{\eta}_t(i) \tag{A5-4}$$

首先，将 $\partial\Pi_t(i)/\partial p_t(i) = 0$ 代入式（A5-2）可得中间产品生产企业的垄断价格为：

$$p_t(i) = 1/\theta \tag{A5-5}$$

之后将式（A5-3）、式（A5-5）和式（A5-12）代入式（A5-4），并且根据对称性可得：

$$r_t^q = \frac{\alpha}{1-s_Z}\frac{\Pi_t}{Z_t} = \frac{\alpha}{1-s_Z}\left(\frac{1-\theta}{\theta}x_t - \phi\right) \tag{A5-6}$$

$r_t^q$ 是企业改进产品质量的研发回报率。

证毕。

在证明命题 5.1 之前，本附录首先求出产品种类的增长率 $n_t > 0$ 时经济体的消费产出比 $C_t/Y_t$。

**引理 5.2** 当产品种类的增长率 $n_t > 0$ 时，经济体的消费产出比始终等于其稳态值：

$$C_t/Y_t = (1-s_N)(\rho - \lambda)\beta\theta^2 + (1-\tau)(1-\theta) \tag{A5-7}$$

**证明：** 代表性家庭所拥有的总资产为：

$$A_t = N_t V_t \tag{A5-8}$$

当产品种类的增长率 $n_t > 0$ 时，式（5-15）中企业进入的无套利条件成立。将式（5-15）和 $X_t N_t = \theta^2 Y_t$ 代入式（A5-8）可得：

$$A_t = N_t(1-s_N)\beta X_t = (1-s_N)\beta\theta^2 Y_t \tag{A5-9}$$

由此可得经济体的资产产出比 $A_t/Y_t$ 为常数。将式（A5-9）、式（5-2）、式（5-3）和式（5-5）代入 $\dot{A}_t/A_t = \dot{a}_t/a_t + \lambda$，可得：

$$\begin{aligned}
\frac{\dot{Y}_t}{Y_t} = \frac{\dot{A}_t}{A_t} &= r_t + (1-\tau)\frac{w_t L_t}{A_t} - \frac{C_t}{A_t} \\
&= \rho + \frac{\dot{C}_t}{C_t} - \lambda + \frac{(1-\tau)(1-\theta)}{(1-s_N)\beta\theta^2} - \frac{1}{(1-s_N)\beta\theta^2}\frac{C_t}{Y_t}
\end{aligned} \tag{A5-10}$$

将其重新整理可得：

$$\frac{\dot{C}_t}{C_t} - \frac{\dot{Y}_t}{Y_t} = \frac{1}{(1-s_N)\beta\theta^2}\frac{C_t}{Y_t} - \frac{(1-\tau)(1-\theta)}{(1-s_N)\beta\theta^2} - (\rho-\lambda) \quad \text{(A5-11)}$$

因此,经济体的消费产出比 $C_t/Y_t$ 的动态路径是鞍点稳定的,所以消费产出比 $C_t/Y_t$ 总是等于其在式(A5-7)中的稳态值。

证毕。

**命题 5.1**

**证明**:由式(5-12)可得质量调整的企业市场规模 $x_t$ 的增长率为:

$$\frac{\dot{x}_t}{x_t} = \lambda - (1-\sigma)n_t \quad \text{(A5-12)}$$

当 $x_0 \leqslant x_t \leqslant x_N$ 时,产品种类的增长率 $n_t = 0$ 且产品质量的增长率 $z_t = 0$。在这种情况下,质量调整的企业市场规模 $x_t$ 的动态路径可以表示为:

$$\dot{x}_t = \lambda x_t \quad \text{(A5-13)}$$

当 $x_N < x_t \leqslant x_Z$ 时,产品种类的增长率 $n_t > 0$ 且产品质量的增长率 $z_t = 0$。在这种情况下,由引理 5.2 可得经济体的消费产出比 $C_t/Y_t$ 是常数,且 $\dot{c}_t/c_t = \dot{y}_t/y_t$。因此,将式(5-16)中的企业研发新的中间产品并且进入市场的市场回报率 $r_t^i$ 和式(A5-12)代入式(5-3)中的 $r_t = \rho + \sigma n_t$ 可得式(5-30)。将式(5-30)代入式(A5-12)可得质量调整的企业市场规模 $x_t$ 的动态路径为:

$$\dot{x}_t = \frac{1-\sigma}{(1-s_N)\beta}\left\{\phi - \left[\frac{1-\theta}{\theta} - (1-s_N)\beta\left(\rho + \frac{\sigma}{1-\sigma}\lambda\right)\right]x_t\right\}$$

$$\text{(A5-14)}$$

定义 $\bar{v} \equiv \frac{1-\sigma}{(1-s_N)\beta}\left[\frac{1-\theta}{\theta} - (1-s_N)\beta\left(\rho + \frac{\sigma\lambda}{1-\sigma}\right)\right]$,$\bar{x}^* \equiv$

$\dfrac{\phi}{(1-\theta)/\theta - (1-s_N)\beta\left[\rho + \sigma\lambda/(1-\sigma)\right]}$,可将式(A5-14)表示为:

$$\dot{x}_t = \bar{v}(\bar{x}^* - x_t) \qquad (A5-15)$$

如果 $\bar{x}^* < x_Z$，那么企业的市场规模 $x_t$ 达到其稳态值 $x_t = \bar{x}^*$。

但是，也有可能出现 $x_Z < \bar{x}^*$ 的情况。在这种情况下，当 $x_t > x_Z$ 时，产品种类的增长率 $n_t > 0$ 且产品质量的增长率 $z_t > 0$。给定产品种类的增长率 $n_t > 0$，经济体的消费产出比 $C_t/Y_t$ 是常数，且 $\dot{c}_t/c_t = \dot{y}_t/y_t$。因此，将式(5-16)中的企业研发新的中间产品并且进入市场的市场回报率 $r_t^\iota$ 和式(A5-12)代入式(5-3)中的 $r_t = \rho + \sigma n_t + z_t$ 可得：

$$n_t = \frac{1}{(1-s_N)\beta}\left[\frac{1-\theta}{\theta} - \frac{\phi + (1-s_Z)z_t}{x_t}\right] - \rho + \lambda \qquad (A5-16)$$

将式(5-35)代入式(A5-16)可得：

$$n_t = \frac{[(1-\alpha)(1-\theta)/\theta - (1-s_N)(\rho-\lambda)\beta]x_t - (1-\alpha)\phi + (1-s_Z)\rho}{(1-s_N)\beta x_t - (1-s_Z)\sigma}$$

$$(A5-17)$$

将式(A5-17)代入式(A5-12)可得质量调整的企业市场规模 $x_t$ 的动态路径为：

$$\dot{x}_t = v(x^* - x_t) \qquad (A5-18)$$

其中，

$$v \equiv \frac{1-\sigma}{(1-s_N)\beta - (1-s_Z)\sigma/x_t}\left[(1-\alpha)\frac{1-\theta}{\theta} - (1-s_N)\beta\left(\rho + \frac{\sigma}{1-\sigma}\lambda\right)\right]$$

$$(A5-19)$$

最后，对于 $x_t > x_Z$，$(1-s_Z)\sigma/x_t \cong 0$，因此 $v$ 变成一个常数。

证毕。

# 参考文献

［1］董直庆,焦翠红.知识产权保护和后发国家技术进步模式选择[J].东北师大学报(哲学社会科学版),2016(3):14-24.

［2］董直庆,王辉.异质性研发补贴、技术进步方向和环境质量[J].南京社会科学,2018(8):15-25.

［3］郭春野,庄子银.知识产权保护与"南方"国家的自主创新激励[J].经济研究,2012(9):32-45.

［4］韩玉雄,李怀祖.知识产权保护对工资率水平及经济增长的影响:一个修正的技术扩散模型[J].数量经济技术经济研究,2004(11):152-159.

［5］寇宗来,张剑,周敏.专利保护宽度、非侵权模仿和垄断竞争[J].世界经济,2007(1):60-68.

［6］林菁鹏.政府研发补贴对中小企业研发投入影响的实证研究[J].管理世界,2018(3):180-181.

［7］林炜.企业创新激励:来自中国劳动力成本上升的解释[J].管理世界,2013(10):95-105.

［8］刘贯春,陈登科,丰超.最低工资标准的资源错配效应及其作用机制分析[J].中国工业经济,2017(7):62-80.

［9］刘思明,侯鹏,赵彦云.知识产权保护与中国工业创新能力——来自省级大中型工业企业面板数据的实证研究[J].数量经济技术经济研究,2015(3):40-57.

［10］刘小鲁.知识产权保护、自主研发比重与后发国家的技术进步[J].管理世界,2011(10):10-19.

［11］马双,张劼,朱喜.最低工资对中国就业和工资水平的影响[J].经济研究,2012(5):132-146.

［12］毛其淋,许家云.政府补贴对企业新产品创新的影响——基于补贴强度"适度区间"的视角[J].中国工业经济,2015(6):94-107.

［13］潘士远.最优专利制度研究[J].经济研究,2005(12):113-118.

［14］潘士远.最优专利制度、技术进步方向与工资不平等[J].经济研究,2008(1):127-136.

［15］屈曙光,彭璧玉.工资对经济增长的影响:文献综述[J].经济评论,2010(4):138-145.

［16］任玉霜,曲秉春,李盛基.最低工资制度会引起失业吗?——基于空间面板Durbin模型估计结果[J].管理世界,2016(12):172-173.

［17］史宇鹏,顾全林.知识产权保护、异质性企业与创新:来自中国制造业的证据

[J].金融研究,2013(8):136 - 149.

[18] 王华.更严厉的知识产权保护制度有利于技术创新吗?[J].经济研究,2011(2):124 - 135.

[19] 王欢欢,樊海潮,唐立鑫.最低工资、法律制度变化和企业对外直接投资[J].管理世界,2019(11):38 - 51.

[20] 王军,张一飞.政府研发补贴对企业创新以及经济增长的影响——理论依据与政策选择[J].经济社会体制比较,2016(5):1 - 11.

[21] 王林,顾江.发展中国家的知识产权保护与经济增长——基于跨国数据的实证分析[J].世界经济研究,2009(5):48 - 51.

[22] 王小霞,蒋殿春,李磊.最低工资上升会倒逼制造业企业转型升级吗?——基于专利申请数据的经验分析[J].财经研究,2018(12):126 - 137.

[23] 王一卉.政府补贴、研发投入与企业创新绩效——基于所有制、企业经验与地区差异的研究[J].经济问题探索,2013(7):138 - 143.

[24] 翁杰,徐圣.最低工资制度的收入分配效应研究——以中国工业部门为例[J].中国人口科学,2015(3):17 - 31.

[25] 吴超鹏,唐菂.知识产权保护执法力度、技术创新与企业绩效——来自中国上市公司的证据[J].经济研究,2016(11):125 - 139.

[26] 解维敏,唐清泉,陆姗姗.政府 R&D 资助、企业 R&D 支出与自主创新[J].金融研究,2009(6):86 - 99.

[27] 徐朝阳.技术扩散模型中的发展中国家最优专利保护[J].经济学(季刊),2010(9):509 - 532.

[28] 阳立高,贺正楚,柴江艺,韩峰.发展中国家知识产权保护、人力资本与经济增长[J].中国软科学,2013(11):123 - 138.

[29] 杨亭亭,罗连化,许伯桐.政府补贴的技术创新效应:"量变"还是"质变"?[J].中国软科学,2018(10):52 - 61.

[30] 叶林祥,T. H. Gindling,李实,熊亮.中国企业对最低工资政策的遵守——基于中国六省市企业与员工匹配数据的经验研究[J].经济研究,2015(6):19 - 32.

[31] 易先忠,张亚斌.技术差距、知识产权保护与后发国技术进步[J].数量经济技术经济研究,2006(10):111 - 121.

[32] 易先忠,张亚斌,刘智勇.自主创新、国外模仿与后发国家知识产权保护[J].世界经济,2007(3):31 - 40.

[33] 尹志峰,叶静怡,黄阳华,秦雪征.知识产权保护与企业创新:传导机制及其检验[J].世界经济,2013(12):111 - 129.

[34] 袁青川,易定红.最低工资的就业和工作时间效应——来自中国劳动力动态调查的证据[J].人口与经济,2020(1):1 - 15.

[35] 张弘,寇宗来.自主创新能力、专利许可与市场结构[J].产业经济研究,2006(5):1 - 7.

[36] 张辉,刘佳颖,何宗辉.政府补贴对企业研发投入的影响——基于中国工业企业数据库的门槛分析[J].经济学动态,2016(12):28 - 38.

[37] 张杰,陈志远,杨连星,新夫.中国创新补贴政策的绩效评估:理论与证据[J].经济研究,2015(10):4 - 33.

［38］ 赵秋运,张建武.中国劳动收入份额的变化趋势——基于国际贸易和最低工资的视角［J］.金融研究,2013(12):44－56.

［39］ 赵西亮,李建强.劳动成本与企业创新——基于中国工业企业数据的实证分析［J］.经济学家,2016(7):41－49.

［40］ 周黎安,罗凯.企业规模与创新:来自中国省级水平的经验证据［J］.经济学(季刊),2005(4):623－638.

［41］ 朱有为,徐康宁.中国高技术产业研发效率的实证研究［J］.中国工业经济,2006(11):38－45.

［42］ 朱智豪,王熙麟.高级宏观经济学入门［M］.北京:清华大学出版社,2021.

［43］ 庄子银.知识产权、市场结构、模仿和创新［J］.经济研究,2009(11):95－104.

［44］ 宗庆庆,黄娅娜,钟鸿钧.行业异质性、知识产权保护与企业研发投入［J］.产业经济研究,2015(2):47－57.

［45］ ACEMOGLU D. Why do new technologies complement skills? Directed technical change and wage inequality ［J］. Quarterly Journal of Economics, 1998, 113: 1055－1089.

［46］ ACEMOGLU D. Directed technical change ［J］. Review of Economic Studies, 2002(69): 781－809.

［47］ ACEMOGLU D, AGHION P, ZILIBOTTI F. Vertical integration and distance to frontier ［J］. Journal of the European Economic Association, 2003(1): 630－638.

［48］ ACEMOGLU D, AGHION P, ZILIBOTTI F. Distance to frontier, selection, and economic growth ［J］. Journal of the European Economic Association, 2006(4): 37－74.

［49］ ACEMOGLU D, AKCIGIT U. Intellectual property rights policy, competition and innovation ［J］. Journal of the European Economic Association, 2012(10): 1－42.

［50］ ACEMOGLU D, AKCIGIT U, ALP H, BLOOM N, KERR W. Innovation, reallocation and growth ［J］. American Economic Review, 2018(108): 3450－3491.

［51］ ACEMOGLU D, ROBINSON J, JOHNSON S. The colonial origins of comparative economic development: an empirical investigation ［J］. American Economic Review, 2001(91): 1369－1401.

［52］ ACEMOGLU D, ROBINSON J, JOHNSON S. Reversal of fortune: geography and institutions in the making of the modern world ［J］. Quarterly Journal of Economics, 2002(117): 1231－1294.

［53］ AERTS K, SCHMIDT T. Two for the price of one? Additionality effects of R&D subsidies: a comparison between Flanders and Germany ［J］. Research Policy, 2008(37): 806－822.

［54］ AGENOR P-R, LIM K. Unemployment, growth and welfare effects of labor market reforms ［J］. Journal of Macroeconomics, 2018(58): 19－38.

［55］ AGHION P, AKCIGIT U, HOWITT P. What do we learn from Schumpeterian growth theory ［M］//AGHION P, DURLAUF S. Handbook of Economic Growth. Netherlands, Amsterdam: Elsevier, 2014.

[56] AGHION P, BLOOM N, BLUNDELL R, GRIFFITH R, HOWITT P. Competition and innovation: an inverted-U relationship [J]. Quarterly Journal of Economics, 2005(120): 701 - 728.

[57] AGHION P, BLUNDELL R, GRIFFITH R, HOWITT P, PRANTL S. The effects of entry on incumbent innovation and productivity [J]. Review of Economics and Statistics, 2009(91): 20 - 32.

[58] AGHION P, HARRIS C, VICKERS J. Competition and growth with step-by-step innovation: an example [J]. European Economic Review: Papers and Proceedings, 1997(41): 771 - 782.

[59] AGHION P, HOWITT P. A model of growth through creative destruction [J]. Econometrica, 1992(60): 323 - 351.

[60] AGHION P, HOWITT P. Growth with quality improving innovations: an integrated framework [M]// AGHION P, DURLAUF S. Handbook of Economic Growth. Netherlands, Amsterdam: North Holland, 2005(1):67 - 110.

[61] AGHION P, HOWITT P, MAYER-FOULKES D. The effect of financial development on convergence: theory and evidence [J]. Quarterly Journal of Economics, 2005(120): 173 - 222.

[62] AGHION P, HOWITT P, PRANTL S. Patent rights, product market reforms, and innovation [J]. Journal of Economic Growth, 2015(20): 223 - 262.

[63] AKCIGIT U, HANLEY D, SERRANO-VELARDE N. Back to basics: basic research spillovers, innovation policy and growth [C]. NBER Working Paper 19473, 2019.

[64] ALMUS M, CZARNITZKI D. The effects of public R&D subsidies on firms' innovation activities [J]. Journal of Business & Economic Statistics, 2003(21): 226 - 236.

[65] ANG J, MADSEN J. Can second-generation endogenous growth models explain the productivity trends and knowledge production in the Asian miracle economies? [J]. Review of Economics and Statistics, 2011(93): 1360 - 1373.

[66] ARROW K. The economic implications of learning by doing [J]. Review of Economic Studies, 1962(29): 155 - 173.

[67] ASHRAF Q, GALOR O. Dynamics and stagnation in the Malthusian epoch [J]. American Economic Review, 2011(101): 2003 - 41.

[68] ASKENAZY P. Minimum wage, exports and growth [J]. European Economic Review, 2003(47): 147 - 164.

[69] BARRO R, SALA-I-MARTIN X. Convergence [J]. Journal of Political Economy, 1992(100): 223 - 251.

[70] BARRO R, SALA-I-MARTIN X, BLANCHARD O, HALL R. Convergence across states and regions [J]. Brookings Papers on Economic

Activity, 1991: 107 - 182.

[71] BAZEN S, MARTIN J. The impact of the minimum wage in earnings and employment in France [J]. OECD Economic Studies, 1991: 16.

[72] BECKER G, MURPHY K, TAMURA R. Human capital, fertility and economic growth [J]. Journal of Political Economy, 1990(98): S12 - S37.

[73] BERUBE C, MOHNEN P. Are firms that receive R&D subsidies more innovative? [J]. Canadian Journal of Economics, 2009(42): 206 - 225.

[74] BESSEN J. The value of U. S. patents by owner and patent characteristics [J]. Research Policy, 2008(37): 932 - 945.

[75] BESSEN J, MEURER M. Patent failure: how judges, bureaucrats, and lawyers put innovators at risk [M]. US, Princeton: Princeton University Press, 2008.

[76] BLOOM N, GRIFFITH R, REENEN J. Do R&D tax credits work? Evidence from a panel of countries 1979 - 1997 [J]. Journal of Public Economics, 2002(85): 1 - 31.

[77] BOEING P. The allocation and effectiveness of China's R&D subsidies-evidence from listed firms [J]. Research Policy, 2016(45): 1774 - 1789.

[78] BOLDRIN M, LEVINE D. Against intellectual monopoly [M]. UK, Cambridge: Cambridge University Press, 2008.

[79] BRONZINI R, PISELLI P. The impact of R&D subsidies on firm innovation [J]. Research Policy, 2016(45): 442 - 457.

[80] BROWN C. Minimum wage laws: are they overrated? [J]. Journal of Economic Perspectives, 1988(2): 133 - 145.

[81] BURKHAUSER R, COUCH K, WITTENBURG D. A reassessment of the new economics of the minimum wage literature with monthly data from the current population survey [J]. Journal of Labor Economics, 2000(18): 653 - 680.

[82] BURKHAUSER R, SABIA J. The effectiveness of minimum-wage increases in reducing poverty: past, present, and future [J]. Contemporary Economic Policy, 2007(25): 262 - 281.

[83] CAHUC P, MICHEL P. Minimum wage unemployment and growth [J]. European Economic Review, 1996(40): 1463 - 1482.

[84] CARD D. Using regional variation in wages to measure the effects of the federal minimum wage [J]. Industrial and Labor Relations Review, 1992a (46): 22 - 37.

[85] CARD D. Do minimum wages reduce employment? A case study of California [J]. Industrial and Labor Relations Review, 1992b(46): 38 - 54.

[86] CARD D, KRUEGER A. Minimum wages and employment: a case study of the fast-food industry in New Jersey and Pennsylvania [J]. American Economic Review, 1994(84): 772 - 793.

[87] CARD D, KRUEGER A. Minimum wages and employment: a case study of the fast-food industry in New Jersey and Pennsylvania: reply [J]. American

Economic Review，2000(90)：1397 – 1420.

[ 88 ] CASS D. Optimum growth in an aggregative model of capital accumulation [J]. Review of Economic Studies，1965(32)：233 – 240.

[ 89 ] CHU A. Effects of blocking patents on R&D：a quantitative DGE analysis [J]. Journal of Economic Growth，2009(14)：55 – 78.

[ 90 ] CHU A. Effects of patent length on R&D：a quantitative DGE analysis [J]. Journal of Economics，2010(99)：117 – 140.

[ 91 ] CHU A. The welfare cost of one-size-fits-all patent protection [J]. Journal of Economic Dynamics and Control，2011(35)：876 – 890.

[ 92 ] CHU A. Advanced macroeconomics：an introduction for undergraduates [M]. Singapore：World Scientific，2020.

[ 93 ] CHU A，COZZI G. Effects of patents versus R&D subsidies on income inequality [J]. Review of Economic Dynamics，2018(29)：68 – 84.

[ 94 ] CHU A，COZZI G. Growth：scale or market-size effects? [J]. Economics Letters，2019(178)：13 – 17.

[ 95 ] CHU A，COZZI G，FAN H，PAN S，ZHANG M. Do stronger patents stimulate or stifle innovation? The crucial role of financial development [J]. Journal of Money，Credit and Banking，2020(52)：1305 – 1322.

[ 96 ] CHU A，COZZI G，FURUKAWA Y. Unions，innovation and cross-country wage inequality [J]. Journal of Economic Dynamics and Control，2016(64)：104 – 118.

[ 97 ] CHU A，FURUKAWA Y，KOU Z，LIU X. Minimum wage，import status，and firms' innovation：theory and evidence from China [J]. Economic Inquiry，2020(59)：441 – 458.

[ 98 ] CHU A，COZZI G，FURUKAWA Y，LIAO C. Should the government subsidize innovation or automation? [C]. MPRA Working Paper 94240，2019.

[ 99 ] CHU A，COZZI G，FURUKAWA Y，LIAO C. Effects of minimum wage on automation and innovation in a Schumpeterian economy [C]. MPRA Working Paper 95824，2019.

[100] CHU A，COZZI G，GALLI S. Does intellectual monopoly stimulate or stifle innovation? [J]. European Economic Review，2012(56)：727 – 746.

[101] CHU A，COZZI G，GALLI S. Stage-dependent intellectual property rights [J]. Journal of Development Economics，2014(106)：239 – 249.

[102] CHU A，FURUKAWA Y. On the optimal mix of patent instruments [J]. Journal of Economic Dynamics and Control，2011(35)：1964 – 1975.

[103] CHU A，FURUKAWA Y，JI L. Patents，R&D subsidies and endogenous market structure in a Schumpeterian Economy [J]. Southern Economic Journal，2016(82)：809 – 825.

[104] CHU A，FURUKAWA Y，MALLICK S，PERETTO P，WANG X. Dynamic effects of patents policy on innovation and inequality in a Schumpeterian economy [J]. Economic Theory，2021(71)：1429 – 1465.

[105] CHU A, KOU Z, LIU X. Labor union and the wealth-income ratio [J]. Economics Letters, 2018(167): 29-35.

[106] CHU A, KOU Z, WANG X. Effects of patents on the transition from stagnation to growth [J]. Journal of Population Economics, 2020(33): 395-411.

[107] CHU A, KOU Z, WANG X. Dynamic effects of minimum wage on growth and innovation in a Schumpeterian economy [J]. Economics Letters, 2020(188): 108943.

[108] CHU A, PAN S. The escape-infringement effect of blocking patents on innovation and economic growth [J]. Macroeconomic Dynamics, 2013(17): 955-969.

[109] CHU A, WANG X. Effects of R&D subsidies in a hybrid model of endogenous growth and semi-endogenous growth [J]. Macroeconomic Dynamics, 2022(26): 813-832.

[110] CLARK G. The industrial revolution [M]//AGHION P, DURLAUF S. Handbook of Economic Growth. Netherlands, Amsterdam: Elsevier, 2014(2):217-262.

[111] COZZI G. Inventing or spying? Implications for growth [J]. Journal of Economic Growth, 2001(6):55-77.

[112] COZZI G, GALLI S. Sequential R&D and blocking patents in the dynamics of growth [J]. Journal of Economic Growth, 2014(19): 183-219.

[113] COZZI G. Endogenous growth, semi-endogenous growth... or both? A simple hybrid model [J]. Economics Letters, 2017a(154): 28-30.

[114] COZZI G. Combining semi-endogenous and fully endogenous growth: a generalization. [J] Economics Letters, 2017b(155): 89-91.

[115] DAVIDSON C, SEGERSTROM P. R&D subsidies and economic growth [J]. RAND Journal of Economics, 1998(29): 548-577.

[116] DESMET K, PARENTE S. The evolution of markets and the revolution of industry: a unified theory of growth [J]. Journal of Economic Growth, 2012(17): 205-234.

[117] DICKENS R, MANNING A. Has the national minimum wage reduced UK wage inequality? [J]. Journal of Royal Statistical Society, 2004(167): 613-626.

[118] DINOPOULOS E, THOMPSON P. Scale effects in Schumpeterian models of economic growth [J]. Journal of Evolutionary Economics, 1999(9): 157-185.

[119] DU Y, PAN W. Minimum wage regulations in China and its application to migrant workers in the urban labor market [J]. China & World Economy, 2009(17): 79-93.

[120] DUBE A, LESTER T, REICH M. Minimum wage effects across state borders: estimates using contiguous counties [J]. Review of Economics and

Statistics, 2010(92): 945 - 964.

[121] DUTTON H. The patent system and inventive activity during the industrial revolution, 1750 - 1852 [M]. UK, Manchester: Manchester University Press, 1984.

[122] FAN H, LIN F, TANG L. Minimum wage and outward FDI from China [J]. Journal of Development Economics, 2018(135): 1 - 19.

[123] FANTI L, GORI L. On economic growth and minimum wages [J]. Journal of Economics, 2011(103): 59 - 82.

[124] FERRARO D, GHAZI S, PERETTO P. Lessons for tax reform from an equilibrium model of innovation [C]. Economic Research Initiatives at Duke (ERID) Working Paper 282, 2019.

[125] FERRARO D, PERETTO P. Innovation-led growth in a time of debt [J]. European Economic Review, 2020(121): 1 - 32.

[126] FURUKAWA Y. The protection of intellectual property rights and endogenous growth: is stronger always better? [J]. Journal of Economic Dynamics and Control, 2007(31): 3644 - 3670.

[127] FUTAGAMI K, IWAISAKO T. Patent policy in an endogenous growth model [J]. Journal of Economics, 2003(78): 239 - 258.

[128] FUTAGAMI K, IWAISAKO T. Dynamic analysis of patent policy in an endogenous growth model [J]. Journal of Economic Theory, 2007(132): 306 - 334.

[129] GALLINI N. Patent policy and costly imitation [J]. RAND Journal of Economics, 1992(23): 52 - 63.

[130] GALOR O. Unified Growth Theory [M]. US, Princeton: Princeton University Press, 2011.

[131] GALOR O, MOAV O. Natural selection and the origin of economic growth [J]. Quarterly Journal of Economics, 2002(117): 1133 - 1192.

[132] GALOR O, MOUNTFORD A. Trading population for productivity: theory and evidence [J]. Review of Economic Studies, 2008(75): 1143 - 1179.

[133] GALOR O, WEIL D. Population, technology and growth: from the Malthusian regime to the demographic transition [J]. American Economic Review, 2000(110): 806 - 828.

[134] GILBERT R, SHAPIRO C. Optimal patent length and breadth [J]. RAND Journal of Economics, 1990(21): 106 - 112.

[135] GOH A., AND OLIVIER J. Optimal patent protection in a two-sector economy [J]. International Economic Review, 2002(43): 1191 - 1214.

[136] GONZALEZ X, PAZO C. Do public subsidies stimulate private R&D spending? [J]. Research Policy, 2008(37): 371 - 389.

[137] GROSSMAN G, HELPMAN E. Quality ladders in the theory of growth [J]. Review of Economic Studies, 1991a(58): 43 - 61.

[138] GROSSMAN G, HELPMAN E. Innovation and growth in the global economy [M]. US, Cambridge: The MIT Press, 1991b.

[139] GROSSMANN V. How to promote R&D-based growth? Public education expenditure on scientists and engineers versus R&D subsidies [J]. Journal of Macroeconomics, 2007(29): 891 - 911.

[140] HA J, HOWITT P. Accounting for trends in productivity and R&D: a Schumpeterian critique of semi-endogenous growth theory [J]. Journal of Money, Credit, and Banking, 2007(33): 733 - 74.

[141] HANSEN G, PRESCOTT E. Malthus to Solow [J]. American Economic Review, 2002(92): 1205 - 1217.

[142] HEATHCOTE J, STORESLETTEN K, VIOLANTE G. The macroeconomic implications of rising wage inequality in the United States [J]. Journal of Political Economy, 2010(118): 681 - 722.

[143] HOWITT P. Steady endogenous growth with population and R&D inputs growing [J]. Journal of Political Economy, 1999(107): 715 - 730.

[144] HUANG C, YANG Y, CHENG C. The growth and welfare analysis of patent and monetary policies in a Schumpeterian economy [J]. International Review of Economics & Finance, 2017(52): 409 - 426.

[145] HU R, YANG Y, ZHENG Z. Optimal subsidies in a quality-ladder growth model with elastic labor [C]. MPRA Working Paper 96801, 2019.

[146] HUSSINGER K. R&D and subsidies at the firm level: an application of parametric and semiparametric two-step selection model [J]. Journal of Applied Econometrics, 2008(23): 729 - 747.

[147] IACOPETTA M, MINETTI R, PERETTO P. Financial markets, industry dynamics and growth [J]. Economic Journal, 2019(129): 2192 - 2215.

[148] IMPULLITTI G. International competition and U. S. R&D subsidies: a quantitative welfare analysis [J]. International Economic Review, 2010 (51): 1127 - 1158.

[149] IRMEN A, WIGGER B. National minimum wages, capital mobility, and global economic growth [J]. Economics Letters, 2006(90): 285 - 289.

[150] IWAISAKO T. Welfare effects of patent protection and productive public services: why do developing countries prefer weaker patent protection? [J]. Economics Letters, 2013(118): 478 - 481.

[151] IWAISAKO T, FUTAGAMI K. Patent protection, capital accumulation, and economic growth [J]. Economic Theory, 2013(52): 631 - 668.

[152] JAFFE A, LERNER J. Innovation and its discontents: how our broken system is endangering innovation and progress, and what to do about it [M]. US, Princeton: Princeton University Press, Princeton, 2004.

[153] JARDIM E, LONG M, PLOTNICK R, INWEGEN E, VIGDOR J, WETHING H. Minimum wage increases, wages, and low-wage employment: evidence from Seattle [C]. NBER Working Paper 23532, 2018.

[154] JI L, CHANG J, HUANG C. Unionization, market structure, and economic growth [J]. Southern Economic Journal, 2016(82): 935 - 951.

[155] JONES C. Time series tests of endogenous growth models [J]. Quarterly Journal of Economics, 1995a(103): 759 - 784.

[156] JONES C. R&D-based models of economic growth [J]. Journal of Political Economy, 1995b(103): 759 - 784.

[157] JONES C. Was an industrial revolution inevitable? Economic growth over the very long run [J]. B. E. Journal of Macroeconomics (Advances), 2001 (1): 1 - 45.

[158] JONES C. Introduction to economic growth [M]. US, NewYork: Norton, 2002.

[159] JONES C, ROMER P. The new Kaldor Facts: ideas, institutions, population, and human capital [J]. American Economic Journal: Macroeconomics, 2010(2): 224 - 245.

[160] JONES C, VOLLRATH D. Introduction to economic growth [M]. US, NewYork: Norton, 2013.

[161] JUDD K. On the performance of patents [J]. Econometrica, 1985(53): 567 - 586.

[162] KALDOR N. Capital accumulation and economic growth [C]//Hague, D C. The Theory of Capital, Proceedings of a Conference held by the International Economic Association. UK, London: Palgrave Macmillan, 1961: 177 - 222.

[163] KWAN Y, LAI E. Intellectual property rights protection and endogenous economic growth [J]. Journal of Economic Dynamics and Control, 2003 (27): 853 - 873.

[164] KELLEY A, SCHMIDT R. Economic and demographic change: a synthesis of models, findings, and perspectives [M]// BIRDSALL N, KELLEY A, SINDING S. Population matters: demographic change, economic growth, and poverty in the developing world. US, New York: Oxford University Press, 2003: 67 - 105.

[165] KHAN Z. The democratization of invention: patents and copyrights in American economic development, 1790 - 1920 [M]. UK, Cambridge: Cambridge University Press, 2005.

[166] KLEMPERER P. How broad should the scope of patent protection be? [J]. RAND Journal of Economics, 1990(21): 113 - 130.

[167] KLETTE T, KORTUM S. Innovating firms and aggregate innovation [J]. Journal of Political Economy, 2004(112): 986 - 1018.

[168] KOCHERLAKOTA N, YI K. Is there endogenous long-run growth? Evidence from the United States and the United Kingdom [J]. Journal of Money, Credit, and Banking, 1997(29): 235 - 262.

[169] KOOPMANS T. On the concept of optimal economic growth [M]// JOHANSEN J. The Econometric Approach to Development Planning. Netherlands, Amsterdam: North-Holland, 1965: 225 - 295.

[170] KREMER M. Population growth and technological change: one million B.

C. to 1990 [J]. Quarterly Journal of Economics, 1993(108): 681 - 716.

[171] LACH S. Do R&D subsidies stimulate or displace private R&D? Evidence from Israel [J]. Journal of Industrial Economics, 2002(50): 369 - 390.

[172] LAINCZ C, PERETTO P. Scale effects in endogenous growth theory: an error of aggregation not specification [J]. Journal of Economic Growth, 2006(11): 263 - 288.

[173] LALIBERTE P. Social justice and growth: the role of the minimum wage [J]. International Journal of Labour Research, 2012(4): 1 - 127.

[174] LEE D, SAEZ E. Optimal minimum wage policy in competitive labor markets [J]. Journal of Public Economics, 2012(96): 739 - 749.

[175] LENTZ R, MORTENSEN D. An empirical model of growth through product innovation [J]. Econometrica, 2008(76): 1317 - 1373.

[176] LI C-W. On the policy implications of endogenous technological progress [J]. Economic Journal, 2001(111): C164 - C179.

[177] LIN H. Shall the Northern optimal R&D subsidy rate inversely respond to Southern intellectual property protection? [J]. Southern Economic Journal, 2002(69): 381 - 397.

[178] LORDAN G, NEUMARK D. People versus machines: the impact of minimum wages on automatable jobs [J]. Labour Economics, 2018(52): 40 - 53.

[179] LUCAS R. On the mechanism of economic development [J]. Journal of Monetary Economics, 1988(22): 3 - 42.

[180] LUCAS R. The industrial revolution: past and future [M]// LUCAS R. Lectures on Economic Growth. US, Cambridge: Harvard University Press, 2002: 109 - 190.

[181] MACHIN S, MANNING A. The effects of minimum wages on wage dispersion and employment: evidence from the U. K. wages councils [J]. Industrial and Labor Relations Review, 1994(47): 319 - 329.

[182] MADSEN J. Semi-endogenous versus Schumpeterian growth models: testing the knowledge production function using international data [J]. Journal of Economic Growth, 2008(13): 1 - 26.

[183] MADSEN J. The anatomy of growth in the OECD since 1870 [J]. Journal of Monetary Economics, 2010(57): 753 - 767.

[184] MADSEN J, ANG J, BANERJEE R. Four centuries of British economic growth: the roles of technology and population [J]. Journal of Economic Growth, 2010(15): 263 - 290.

[185] MALTHUS T. An essay on the principle of population [M]. UK, London: J. Johnson, 1798.

[186] MEER J, WEST J. Effects of the minimum wage on employment dynamics [J]. Journal of Human Resources, 2016(51): 500 - 522.

[187] MECKL J. Accumulation of technological knowledge, wage differentials, and unemployment [J]. Journal of Macroeconomics, 2004(26): 65 - 82.

[188] MEULEMAN M, MAESENEIRE W. Do R&D subsidies affect SMEs' access to external financing? [J]. Research Policy, 2012(41): 580 - 591.

[189] MOKYR J. The intellectual origins of modern economic growth [J]. The Journal of Economic History, 2005(65): 285 - 351.

[190] MOKYR J. Intellectual property rights, the industrial revolution, and the beginnings of modern economic growth [J]. American Economic Review, 2009(99): 349 - 355.

[191] MORTENSEN D, PISSARIDES C. Technological progress, job creation, and job destruction [J]. Review of Economic Dynamics, 1998(1): 733 - 753.

[192] NEUMARK D, WASCHER W. Minimum wages and employment: a case study of the fast-food industry in New Jersey and Pennsylvania: comment [J]. American Economic Review, 2000(90): 1362 - 1396.

[193] NORDHAUS W. Invention, growth, and welfare [M]. US, Cambridge: the MIT Press, 1969.

[194] NORTH D. Structure and change in economic history [M]. US and UK, New York and London: W. W. Norton, 1981.

[195] NORTH D. Economic performance through time [J]. American Economic Review, 1994(84): 359 - 368.

[196] NORTH D, THOMAS R. The rise of the Western World: a new economic history [M]. UK, Cambridge: Cambridge University Press, 1973.

[197] NORTH D, WEINGAST B. Constitutions and commitment: evolution of institutions governing public choice in 17th century England [J]. Journal of Economic History, 1989(49): 803 - 832.

[198] O'DONOGHUE T, ZWEIMULLER J. Patents in a model of endogenous growth [J]. Journal of Economic Growth, 2004(9): 81 - 123.

[199] PARELLO C. A Schumpeterian growth model with equilibrium unemployment [J]. Metroeconomica, 2010(61): 398 - 426.

[200] PARK W. Intellectual property rights and international innovation [J]. Intellectual Property, Growth and Trade, 2008(2): 289 - 327.

[201] PARTRIDGE M, PARTRIDGE J. Do minimum wage hikes reduce employment? State-level evidence from the low-wage retail sector [J]. Journal of Labor Research, 1999(20): 393 - 413.

[202] PERETTO P. Technological change and population growth [J]. Journal of Economic Growth, 1998(3): 283 - 311.

[203] PERETTO P. Cost reduction, entry, and the interdependence of market structure and economic growth [J]. Journal of Monetary Economics, 1999(43): 173 - 195.

[204] PERETTO P. Scale effects in endogenous growth theory: an error of aggregation not specification [J]. Journal of Economic Growth, 2006(11): 263 - 288.

[205] PERETTO P. Corporate taxes, growth and welfare in a Schumpeterian

economy [J]. Journal of Economic Theory, 2007(137): 353-382.

[206] PERETTO P. The growth and welfare effects of deficit-financed dividend tax cuts [J]. Journal of Money, Credit and Banking, 2011a(43): 835-869.

[207] PERETTO P. Market power, growth, and unemployment [J]. Frontiers of Economics and Globalization, 2011b(11): 493-525.

[208] PERETTO P. From Smith to Schumpeter: a theory of take-off and convergence to sustained growth [J]. European Economic Review, 2015 (78): 1-26.

[209] PERETTO P, CONNOLLY M. The Manhattan metaphor [J]. Journal of Economic Growth, 2007(12): 329-350.

[210] PERETTO P, VALENTE S. Growth on a finite planet: resource, technology and population in the long run [J]. Journal of Economic Growth, 2015(20): 305-331.

[211] POMERANZ K. The Great Divergence: China, Europe, and the making of the modern world economy [M]. US, Princeton: Princeton University Press, 2001.

[212] PORTER M, STERN S. Measuring the "ideas" production function: evidence from international patent output [C]. NBER Working Paper 7891, 2000.

[213] PRASCH R. In defense of the minimum wage [J]. Journal of Economic Issues, 1996(30): 391-397.

[214] RAMSEY F. A mathematical theory of saving [J]. Economic Journal, 1928 (38): 543-559.

[215] RAVN M, SORENSEN J. Schooling, training, growth and minimum wages [J]. Scandinavian Journal of Economics, 1999(101): 441-457.

[216] REBELO S. Long-run policy analysis and long-run growth [J]. Journal of Political Economy, 1991(99): 500-521.

[217] RIVERA-BATIZ L, ROMER P. Economic integration and endogenous growth [J]. Quarterly Journal of Economics, 1991(106): 531-555.

[218] ROMER P. Increasing returns and long-run growth [J]. Journal of Political Economy, 1986(94), 1002-1037.

[219] ROMER P. Endogenous technological change [J]. Journal of Political Economy, 1990(98): S71-S102.

[220] ROMER P. Should the government subsidize supply or demand in the market for scientists and engineers? [J]. Innovation Policy and the Economy, 2001(1): 221-252.

[221] ROYAL SWEDISH ACADEMY OF SCIENCES. Popular science background on the Bank of Sweden Prize in Economic Sciences in Memory of Alfred Nobel: William Nordhaus and Paul Romer's contribution to integrating nature and knowledge into economics [R]. 2018.

[222] SABIA J. The effects of minimum wages over the business cycle [J].

Journal of Labor Research, 2014(35): 227 - 245.

[223] SABIA J. Minimum wages and gross domestic product [J]. Contemporary Economic Policy, 2015(33): 587 - 605.

[224] SCOTCHMER S. Innovation and incentives [M]. US, Cambridge: The MIT Press, 2004.

[225] SEGERSTROM P. Endogenous growth without scale effects [J]. American Economic Review, 1998(88): 1290 - 1310.

[226] SEGERSTROM P. The long-run growth effects of R&D subsidies [J]. Journal of Economic Growth, 2000(5): 277 - 305.

[227] SEGERSTROM P, ANANT T, DINOPOULOS E. A Schumpeterian model of the product life cycle [J]. American Economic Review, 1990 (80): 1077 - 91.

[228] SMULDERS S, VAN DE KLUNDERT T. Imperfect competition, concentration and growth with firm-specific R&D [J]. European Economic Review, 1995(39): 139 - 160.

[229] SOLOW R. A contribution to the theory of economic growth [J]. Quarterly Journal of Economics, 1956(70): 65 - 94.

[230] STEWART M. The employment effects of the national minimum wage [J]. Economic Journal, 2004(114): C110 - C116.

[231] STOKEY N. Learning by doing and the introduction of new goods [J]. Journal of Political Economy, 1988(4): 701 - 717.

[232] STRULIK H. Too much of a good thing? The quantitative economics of R&D-driven growth revisited [J]. The Scandinavian Journal of Economics, 2007(109): 369 - 386.

[233] STRULIK H, PRETTNER K. The past and future of knowledge-based growth [J]. Journal of Economic Growth, 2013(18): 411 - 437.

[234] SWAN T. Economic growth and capital accumulation [J]. Economic Record, 1956(32): 334 - 361.

[235] TAMAI T. Inequality, unemployment, and endogenous growth in a political economy with a minimum wage [J]. Journal of Economics, 2009 (97): 217 - 232.

[236] TOPEL R. Labor markets and economic growth [M]// ASHENFELTER O, CARD D. Handbook of Labor Economics. New York and Oxford: Elsevier Science North-Holtand, 1999(3): 2943 - 2984.

[237] TAKALO T, TANAYAMA T, TOIVANEN O. Estimating the benefits of targeted R&D subsidies [J]. Review of Economics and Statistics, 2013 (95): 255 - 272.

[238] UZAWA H. Optimum technical change in an aggregative model of economic growth [J]. International Economic Review, 1965(6): 18 - 31.

[239] WEISDORF J. From stagnation to growth: revisiting three historical regimes [J]. Journal of Population Economics, 2004(17): 455 - 472.

[240] WILSON D. Beggar the neighbor? The in-state, out-of-state, and aggregate

effects of R&D tax credits [J]. Review of Economics and Statistics, 2009 (91): 431 – 436.

[241] YANG Y. On the optimality of IPR protection with blocking patents [J]. Review of Economic Dynamics, 2018(27): 205 – 230.

[242] YOUNG A. Growth without scale effects [J]. Journal of Political Economy, 1998(106): 41 – 63.

[243] ZENG J, ZHANG J. Subsidies in an R&D growth model with elastic labor [J]. Journal of Economic Dynamics and Control, 2007(31): 861 – 886.

[244] ZUNIGA-VICENTE J, ALONSO-BORREGO C, FORCADELL F, GALAN J. Assessing the effect of public subsidies on firm R&D investment: a survey [J]. Journal of Economic Surveys, 2014(28): 36 – 67.

# 当代经济学创新丛书

**第一辑(已出版)**

《中国资源配置效率研究》(陈登科　著)

《中国与全球产业链:理论与实证》(崔晓敏　著)

《气候变化与经济发展:综合评估建模方法及其应用》(米志付　著)

《人民币汇率与中国出口企业行为研究:基于企业异质性视角的理论与实证分析》(许家云　著)

《贸易自由化、融资约束与中国外贸转型升级》(张洪胜　著)


**第二辑(已出版)**

《家庭资源分配决策与人力资本形成》(李长洪　著)

《资本信息化的影响研究:基于劳动力市场和企业生产组织的视角》(邵文波　著)

《机会平等与空间选择》(孙三百　著)

《规模还是效率:政企联系与我国民营企业发展》(于蔚　著)

《市场设计应用研究:基于资源配置效率与公平视角的分析》(焦振华　著)


**第三辑(待出版)**

《中国高铁、贸易成本和企业出口研究》(俞峰　著)

《从全球价值链到国内价值链:价值链增长效应的中国故事》(苏丹妮　著)

《市场结构、创新与经济增长:基于最低工资、专利保护和研发补贴的分析》(王熙麟　著)

《中国地方政府的环境治理:政策演进与效果分析》(金刚　著)

《数据要素、数据隐私保护与经济增长》(张龙天　著)

**图书在版编目(CIP)数据**

市场结构、创新与经济增长：基于最低工资、专利保护和研发补贴的分析/王熙麟著.—上海：上海三联书店,2024.4
（当代经济学创新丛书/夏斌主编）
ISBN 978-7-5426-8416-5

Ⅰ.①市…　Ⅱ.①王…　Ⅲ.①市场结构－研究
Ⅳ.①F713.54

中国国家版本馆 CIP 数据核字(2024)第 055070 号

# 市场结构、创新与经济增长

基于最低工资、专利保护和研发补贴的分析

著　　者 / 王熙麟

责任编辑 / 李　英
装帧设计 / 徐　徐
监　　制 / 姚　军
责任校对 / 王凌霄　章爱娜

出版发行 / 上海三联书店
　　　　　　(200041)中国上海市静安区威海路 755 号 30 楼
邮　　箱 / sdxsanlian@sina.com
联系电话 / 编辑部：021-22895517
　　　　　　发行部：021-22895559
印　　刷 / 苏州市越洋印刷有限公司

版　　次 / 2024 年 4 月第 1 版
印　　次 / 2024 年 4 月第 1 次印刷
开　　本 / 640 mm×960 mm　1/16
字　　数 / 180 千字
印　　张 / 12.75
书　　号 / ISBN 978-7-5426-8416-5/F·912
定　　价 / 48.00 元

敬启读者,如发现本书有印装质量问题,请与印刷厂联系 0512-68180628